DEVOIRS

DU MÊME AUTEUR

Pour l'École Laïque, *Conférences populaires,* avec une préface de M. Ferdinand Buisson. (Édouard Cornély et C⁣ⁱᵉ Éditeurs, Paris.)

Un vol. in-16. Prix. . . . . . . Un franc.

B. JACOB

MAITRE DE CONFÉRENCES AUX ÉCOLES NORMALES DE SÈVRES
ET DE FONTENAY-AUX-ROSES

DEVOIRS

Conférences de Morale individuelle et de Morale sociale

PARIS

ÉDOUARD CORNÉLY ET Cⁱᵉ, ÉDITEURS

101, RUE DE VAUGIRARD, 101

1908

Tous droits réservés.

Tous droits de traduction et de reproduction réservés pour tous les pays.

―――――

Published September 30th 1907. Privilege of Copyright in the United States reserved under the Act approved March 3 1905 by B. Jacob and Edouard Cornély et Cie, Publishers.

AVANT-PROPOS

Ces conférences, qui ont été faites pendant l'année scolaire 1906-1907, devant un groupe d'élèves de l'École Normale de Sèvres, examinent sous quelques-uns de leurs aspects plusieurs des obligations morales communes, les principaux devoirs de l'individu envers lui-même, ses devoirs généraux envers ses semblables, et son devoir essentiel envers la société nationale, le patriotisme. Elles ne traitent ni des obligations relatives à l'État, à la profession et à la famille, qui exigeraient un second volume, ni des principes derniers de la morale (le bien, le devoir, la liberté, la responsabilité, etc.) qui en exigeraient un troisième. Elles ne forment donc qu'un fragment d'un cours de morale.

Nous avons pensé cependant qu'il ne serait pas inutile de les soumettre à nos collègues de l'enseignement secondaire et primaire. Il n'est pas rare que des professeurs de collège et des directeurs ou professeurs d'école normale se plaignent de l'insuffisance de certaines leçons de morale telles que les ont traitées les meilleurs des anciens manuels. Ils regrettent notamment de ne trouver dans ces livres qu'une idée trop incomplète du problème que soulève aujourd'hui le droit de propriété, et de la force ou de la faiblesse des objections que le collectivisme oppose à ce droit. Ils estiment également que les leçons habituelles sur la patrie et le patriotisme ont besoin d'être revisées, depuis qu'une doctrine antipatriotique s'est établie sur les fondements du matérialisme historique et de la lutte de classe. A des questions qui se posent en termes nouveaux, ils souhaitent des réponses nouvelles, au moins dans leur forme. C'est pour essayer de satisfaire ce désir que nous livrons au public les notes de nos conférences, malgré les défauts inévitables d'un tel genre de publication.

Le souci pédagogique qui nous décide à publier ces leçons en a déterminé le caractère. Voulant, avant tout, faire œuvre d'éducateur, nous avons cherché, non à produire des vues ingénieuses et originales, mais à mettre en lumière des vérités solides et utiles. Nous avons constamment suivi d'aussi près que possible le sens commun ou, plus précisément, la pensée morale commune aux hommes de toute classe qui, sans être philosophes, réfléchissent sur le sens et sur les obligations de la vie.

Nous n'apportons donc pas une table nouvelle des valeurs morales, mais nous justifions celle qui est ordinairement reçue. Nous croyons que toutes les vertus traditionnelles sont éternellement nécessaires, même la résignation et la charité, tant méprisées par les novateurs. Dans l'ordre social, où beaucoup de nos contemporains demandent la solution de toutes les difficultés tantôt au principe de la solidarité, tantôt à celui de la lutte de classe, nous tenons pour certain qu'aucun problème ne peut se résoudre que par la justice. Chaque fois que nous avons vu échouer ou réussir des œuvres sociales d'un caractère tout moderne, nous avons constaté qu'elles devaient leur échec ou leur succès à la violation ou au respect de quelque règle de conduite connue depuis longtemps. Nous en concluons que notre époque a moins besoin de se donner des vertus neuves que de sentir tout le prix des vertus anciennes et de les pratiquer intelligemment, en les adaptant à des conditions d'existence qui se sont compliquées.

Serviteur dévoué de l'école laïque, nous serions heureux si nous parvenions à faire partager notre foi morale à quelques esprits dont le désordre intellectuel de ce temps a désorienté la conscience, et à les convaincre que les vieilles règles de conduite dont nous avons entrepris la défense se légitiment en dehors de toute théorie métaphysique ou théologique, de toute hypothèse indémontrable sur l'au delà de l'ordre naturel.

B. JACOB.

Paris, le 1er juillet 1907.

I. — LE MORAL ET LE SOCIAL.

La morale courante distingue deux espèces principales de devoirs : les devoirs individuels et les devoirs sociaux. Si elle ne présente pas les deux groupes d'obligations comme indépendants l'un de l'autre, si elle établit, au contraire, qu'ils s'appellent et se soutiennent, qu'il faut se respecter soi-même pour servir efficacement la société et qu'il faut se dévouer à quelque œuvre de bienfaisance ou de justice pour sentir tout le prix de la tempérance, du courage et du savoir, elle se garde de confondre les vertus privées et les vertus publiques et, après avoir mis en lumière la solidarité de la morale individuelle et de la morale sociale, conserve à chacune son objet propre et son but distinct : elle justifie la tempérance indépendamment des conséquences sociales qu'elle entraîne, et nous recommande d'être justes lors même que notre justice n'importerait pas à notre dignité. Mais la distinction longtemps respectée de la morale individuelle et de la morale sociale a cessé de paraître évidente, et les partisans de l'utilitarisme social, comme les positivistes qui fondent sur la sociologie seule les principes de la conduite droite, la rejettent résolument[1]. A leurs yeux l'homme n'est moral que parce qu'il est sociable : moralité et « socialité » s'identifient et tous les devoirs de l'individu envers lui-même se ramènent à des devoirs envers la société. Comme l'influence croissante du positivisme tend à populariser cette opinion, demandons-nous ce qu'elle vaut et examinons les principes généraux qui la fondent : nous saurons ensuite, par voie de conséquence, s'il convient de rayer nos devoirs envers nous-mêmes de la liste de nos obligations.

Il faut, croyons-nous, accorder aux sociologues que la morale ne se produit jamais que dans et par l'état social. Si l'on a pu dire, en un sens, que la raison est fille de la cité, on doit dire également que c'est la cité qui suscite la conscience et qui élève l'individu humain à la dignité de sujet moral. Qu'est-ce qu'un sujet moral ? C'est un être capable d'une générosité intelligente et libre. Or il apparaît d'abord avec évidence que la sympathie et toutes les inclinations généreuses qui s'y rattachent naissent de la vie en société : un être absolument solitaire serait forcément un être égoïste. De plus, l'homme ne penserait pas, c'est-à-dire ne concevrait pas d'idées générales et ne s'élèverait pas aux notions du bien et du devoir si la société ne

---

[1]. Nous ne tenons pas compte, ici, des différences très sensibles qui distinguent l'utilitarisme social de la morale dite sociologique : ni dans cette leçon, ni dans les suivantes, nous ne faisons œuvre de savant.

lui fournissait dans le langage le moyen de les fixer. Enfin l'individu qui vivrait, par hypothèse, en dehors de l'état social obéirait à la seule impulsion de ses besoins ou désirs organiques et, par là même, agirait en automate : c'est la vie en société qui confère à l'homme la liberté morale en l'obligeant à sortir de lui-même et à peser les conséquences de chacune de ses initiatives pour les autres comme pour lui. Ainsi c'est dans la société et par elle que l'homme aime, pense et veut librement ; c'est la vie en commun qui transforme l'animal humain en personne humaine. Comment, dès lors, refuserait-on de voir dans la morale un produit essentiellement social, puisque le sujet moral lui-même est l'œuvre de la société ?

Mais la société ne se borne pas à créer le sujet de la moralité ; elle en détermine aussi ou contribue à en déterminer l'objet ou la matière. La morale comprend quelques règles fixes ou à peu près fixes et un grand nombre de règles variables. Or, visiblement, les règles morales qui subsistent partout et toujours répondent aux conditions d'existence permanentes des sociétés. Si toute société reconnaît comme obligatoire un minimum de justice, n'est-ce pas, selon la remarque aujourd'hui banale des naturalistes, parce qu'une société dont les membres ne verraient aucun mal à se tuer ou à se voler les uns les autres serait incapable de vivre ? Le même déterminisme qui condamne à mourir le type animal dont les organes ne s'accordent pas entre eux ou avec les nécessités du milieu physique, obligerait à disparaître le groupe social dont les unités ne chercheraient qu'à se nuire, et refuseraient mutuellement de respecter leur existence ou leur propriété. Une certaine justice est éternelle, parce qu'elle exprime une nécessité indestructible de la vie en commun. D'autre part, qui ne voit la relation étroite qui lie dans l'histoire les variations de la morale aux variations du milieu social ? Une monarchie ou une aristocratie militaire exige avant tout de ses sujets le respect de l'autorité et le dévouement aux chefs ; une démocratie industrielle demande à ses citoyens et à ses producteurs les vertus d'initiative, d'indépendance et de discipline volontaire. « Les vertus, dit Taine, changent selon les âges, non pas arbitrairement et au hasard, mais d'après une loi certaine. Selon que l'état des choses est différent, les besoins des hommes sont différents ; par suite telle qualité de l'esprit ou du cœur devient plus précieuse : on l'érige alors en vertu, et, en effet, elle est une vertu, puisqu'elle sert un intérêt public. Même elle deviendra une vertu de premier ordre si elle sert un intérêt public de premier ordre ; la vertu, étant le sacrifice de soi-même au bien général, ne peut manquer de se déplacer en même temps que ce bien pour le suivre ; elle s'attache à lui comme l'ombre au corps. »

S'il en est ainsi, on ne s'étonnera pas que la vie sociale explique la genèse des obligations de la moralité privée. En fait le prix accordé aux vertus individuelles n'est jamais indépendant, au moins à l'origine, de l'intérêt qu'elles offrent ou paraissent offrir à la société. L'humanité primitive ne conçoit même pas l'idée d'une vertu précisément individuelle ; ce qu'elle déclare obligatoire, c'est toute disposition ou pratique utile ou jugée utile à la tribu.

Considérons le courage : ne doit-il pas à son utilité sociale toute la valeur que les premiers hommes lui attribuent ? En vain M. Fouillée prétend que, si la tribu glorifie le courage, c'est que tous sentent, outre l'utilité de cette vertu, sa valeur interne, son mérite. Parler ainsi, c'est attribuer à des hommes primitifs un sentiment de philosophe. Un Platon et un Plotin peuvent juger le courage méritoire uniquement parce qu'il marque une victoire de la volonté sur l'instinct de conservation, un triomphe de l'esprit sur la nature; mais cette morale spiritualiste est étrangère au sauvage, qui n'a aucune idée de forces proprement spirituelles. Pourtant, continue M. Fouillée, « l'homme qui a accompli un acte de courage, cet acte fût-il sans témoin, se sent supérieur à lui-même, supérieur à ce qu'il fut à tel moment de lâcheté ». Oui sans doute, répondrons-nous, mais si le sauvage éprouve cette impression, c'est qu'il se donne par imagination les témoins et les juges qui lui manquent, ou que l'admiration commune de ses associés pour une vertu socialement si utile est devenue chez lui un sentiment intime qui ne connaît pas sa source.

Est-ce la tempérance que le non-civilisé honore indépendamment de ses avantages sociaux supposés ou constatés ? Aucune raison n'autorise à le croire. Il est certain que les hommes primitifs qui n'ont su à aucun degré prévoir, épargner et se modérer, ont été incapables d'élever une famille : l'espèce ne s'est conservée que sous la loi d'une certaine tempérance, et par suite une certaine tempérance est devenue une obligation universelle. Assurément, ainsi que Spencer le remarque, la religion a contribué à établir cette obligation ; mais les causes religieuses sont encore, surtout aux origines, des causes sociales ; et, en effet, l'homme primitif, qui forme avec ses dieux une société naturelle, respecte les volontés qu'il leur attribue afin d'éviter les fâcheux effets de leur colère pour sa tribu et pour lui. S'il considère comme moral l'acte de résister à sa faim ou à sa soif et de se priver d'une part de boisson ou de nourriture au profit de l'ancêtre mort ou du génie divin auquel il prête les besoins du vivant, c'est qu'il espère par ses sacrifices gagner la bienveillance de l'être puissant et invisible qui gouverne sa destinée et celle de ses compagnons. Aux époques de disette, dit Spencer, l'habitude de ces offrandes entraîne des jeûnes absolus ou relatifs qui passent pour très méritoires parce qu'on les croit très utiles, la prospérité ou le malheur de la tribu dépendant des bonnes ou mauvaises dispositions divines. On conçoit que cette même raison d'utilité individuelle et sociale, sur laquelle la tempérance se fonde, investisse d'un caractère obligatoire certains actes exceptionnels d'intempérance : lorsque les hommes croient à la présence de la divinité dans les liqueurs dont ils usent, ils s'imposent la participation aux orgies sacrées comme l'un des meilleurs moyens d'attirer sur eux les faveurs du dieu.

C'est encore un motif d'utilité sociale qui, à l'origine, érige en vertu la sagesse ou le savoir. Si l'humanité non civilisée honore les vieillards, c'est parce qu'ils incarnent la tradition, c'est-à-dire l'ensemble des règles et des manières d'agir auxquelles on imagine que la prospérité commune est liée. Si le prêtre ou le sorcier jouit d'un prestige supérieur à tout autre, c'est qu'il connaît les opérations qui agissent efficacement sur la volonté des dieux. La valeur de son savoir se mesure à l'étendue et à l'importance des bienfaits dont il est la source, et parfois on élève cette valeur à l'infini : ne lisons-nous pas dans un distique hindou que les dieux sont au pouvoir de la science magique et que la magie est au pouvoir des brahmanes, qu'il faut donc traiter les brahmanes comme des dieux ? Lorsque les hommes acquièrent un commencement de savoir positif et qu'ils constatent certaines propriétés ou relations régulières des choses, ils distinguent des opérations magiques un nombre croissant d'opérations techniques, mais toujours l'utilité sociale de ces opérations fixe la valeur du savoir qu'elles appliquent et réalisent. Avant d'atteindre une phase assez haute de la civilisation l'homme ne conçoit pas une science désintéressée ni, par suite, une vertu contemplative.

Les vertus individuelles sont donc, à l'origine, des vertus sociales. Mais il y a plus : même aujourd'hui c'est souvent par des raisons sociales que le civilisé justifie — quand il songe à les justifier — les vertus individuelles. Stuart Mill ne fait qu'exprimer une pensée très commune parmi les modernes lorsque, parlant de l'esprit de renoncement des héros et des saints, il écrit: « Il est noble d'être capable d'abandonner sa part de bonheur; mais, après tout, ce sacrifice doit être fait en vue d'un but. Honneur donc à ceux qui peuvent renoncer pour eux-mêmes aux jouissances de la vie afin d'augmenter la somme du bonheur de l'humanité! Mais que celui qui se sacrifie pour le sacrifice même ne soit pas plus admiré que l'ascète sur sa colonne! Il donne une preuve de force, non de moralité. » L'ascétisme monacal obtint au moyen âge un respect presque universel parce qu'on était alors convaincu que les prières et les mérites surabondants de l'élite religieuse contribuaient au salut spirituel des autres hommes ou même à la prospérité matérielle des associations terrestres; mais depuis qu'on ne croit plus à l'utilité sociale de cet ascétisme et qu'on doute de son influence surnaturelle, il est devenu singulièrement impopulaire. Auprès de nos contemporains toute vertu sans utilité publique risque fort de perdre son nom.

Exceptera-t-on la vertu intellectuelle et dira-t-on que nous sommes disposés à voir dans la culture de la science une discipline moralement précieuse même quand l'individu qui la pratique ne se soucie de la mettre au service d'aucune fin sociale? L'exception, examinée de près, peut être contestée avec vraisemblance. Il est d'abord certain que beaucoup de civilisés n'apprécient la science que parce qu'elle apporte aux hommes des bienfaits positifs sans nombre, qu'elle

combat les maladies, diminue la douleur, augmente
le bien-être, allège le travail, améliore par ses machines la condition des producteurs. D'autres, moins
sensibles à l'heureux emploi que les ateliers et les
usines font de ses découvertes, la jugent bonne parce
qu'elle détruit les superstitions, les préjugés, les idées
fausses, tout ce qui entretient dans les cœurs la haine
et le fanatisme et fait obstacle à l'harmonie et à la
paix sociales. Même les savants qui paraissent se désintéresser de tous les fruits de la science et n'attacher de prix qu'à la spéculation pure cachent très
souvent sous un idéalisme de surface un utilitarisme
social raffiné: ils ne se détachent des résultats pratiques immédiats qu'en vue de résultats lointains et
plus larges, et se persuadent qu'il faut oublier le réel
pour découvrir, avec de nouveaux problèmes, des méthodes nouvelles qui permettront d'attaquer le réel
plus profondément et de mieux l'asservir aux besoins
des hommes. Quand l'inutilité sociale d'un travail intellectuel devient pleinement évidente, ce travail se
dépouille, aux yeux des savants comme des ignorants,
de tout caractère moral. Il y a des manies d'érudition
qui, si elles comportent quelque qualification morale,
paraissent moins voisines de la vertu que du vice.
Une Revue citait, il y a quelque temps, le cas d'un
moine bibliophile qui avait consumé vingt ans de sa
vie à s'enquérir des plus infimes détails de l'existence
d'un membre obscur de sa congrégation. L'obstiné
chercheur avait bouleversé les bibliothèques de plusieurs villes pour préciser tantôt un fait, tantôt un

autre, et ce prodigieux labeur aboutissait à livrer au public une biographie que le public ne devait jamais lire. Quelle est, aujourd'hui, la conscience droite qui découvre un emploi moral de l'intelligence dans l'acquisition d'un savoir socialement aussi indifférent ?

Ainsi le sens commun des civilisés fournit nombre de témoignages favorables à la doctrine qui définit toute vertu privée comme le moyen d'un bien social. Cette doctrine peut encore, sans trop de paradoxe, invoquer en sa faveur l'hommage involontaire que leur rendent les religions et philosophies individualistes en justifiant socialement, comme elles sont conduites à le faire, les devoirs qu'elles imposent à l'individu. Le principe qu'il nous faut travailler à notre perfection propre et nous purifier en vue de notre salut personnel nous vient du christianisme ; mais pourquoi le christianisme nous recommande-t-il ainsi la perfection intérieure, la pureté du sentiment ? N'est ce pas parce que cette pureté intime est la condition de l'accès à la société idéale, à la cité parfaite où le renoncement à la vie sensuelle, c'est-à-dire à tout ce qui divise actuellement les hommes, fait régner à jamais la paix et l'amour ? Le détachement de la société qui passe a sa raison dans l'attachement à une société qui ne passe pas. « Soyez saint pour vivre avec les saints, sous la loi de l'être qui incarne la sainteté absolue », telle est, pourrait-on dire, la formule de sociologie mystique où se résume tout le christianisme. Un idéal sociologique inspire toute morale, même la morale kantienne. Kant conçoit un royaume ou plutôt une république des fins, un ordre social dont toutes les unités se respecteraient les unes les autres ; et c'est cette conception sociale qui détermine la règle qu'il prescrit à l'individu : « Agis toujours de telle manière que la maxime de ton action puisse être érigée en règle universelle ». Le royaume des fins est comme la cause finale de l'individualisme particulier de Kant. Cherchant sous quelle idée est possible une société vraie, il trouve l'idée de la personnalité fin en soi : une société vraie serait celle dont aucun membre ne se verrait traité par les autres comme un moyen. Puis, se demandant sous quelle condition chacun peut être ainsi respecté, il découvre la notion de l'« impératif catégorique », qui investit la personne en laquelle il réside d'un caractère sacré. Que Kant l'ait voulu ou non, un certain idéal de la vie sociale, très semblable à l'idéal chrétien, est comme le ressort de sa morale d'autonomie.

Nous venons de rendre justice, croyons-nous, à la force et à la profondeur de l'interprétation sociologique de la morale. Est-ce à dire que nous admettons sans réserve l'explication par des causes sociales et la justification par des fins sociales du code de la conduite droite ? Nullement : nous estimons que, si le point de vue sociologique est vrai, il ne l'est qu'à moitié. Chez les peuples civilisés, tout au moins, les vertus individuelles ne se justifient pas toujours par un bien social et ne s'expliquent pas entièrement par les conditions de la vie en société.

Sans doute, si l'on nous demande le pourquoi d'un de nos actes de moralité privée, il nous est presque toujours possible de placer ce pourquoi dans un intérêt social prochain ou lointain, apparent ou caché. Mais une conduite vertueuse se passe souvent de cette interprétation ; il n'est pas rare que les devoirs personnels prétendent se suffire et se dispensent de chercher en dehors d'eux-mêmes un fondement. Ce fait peut résulter de beaucoup de causes ; nous en signalerons une, très connue en psychologie sous le nom de loi de transfert. L'intérêt qu'un objet provoque passe peu à peu à sa condition normale, de sorte que ce qui était d'abord aimé et voulu comme moyen finit par être érigé en fin. Cette loi contribue à expliquer presque toutes les ambitions et passions de l'homme civilisé. C'est elle qui attache aveuglément l'avare à son or, le rhéteur à ses jeux de style, le mondain aux pratiques de son monde : ils ne songent plus, le premier, aux satisfactions dont l'or n'est que le moyen, le second, à la pensée et au sentiment qui font la valeur du style, le troisième, aux joies de la sociabilité délicate qui donnent leur sens et leur prix aux usages mondains. La même loi, à défaut d'autres raisons, nous expliquerait le caractère d'indépendance que prennent les devoirs individuels chez beaucoup d'hommes d'une haute moralité. Si la pureté intime, aux époques de foi, est d'abord aimée et pratiquée comme condition d'une vie sociale nouvelle au « royaume des cieux », il vient un jour où les meilleurs des croyants la pratiquent pour elle-même. Un

François d'Assise voudrait encore être humble de cœur lors même que cette humilité ne lui promettrait pas une patrie céleste ; une sainte Thérèse voudrait se garder chaste lors même que l'austérité de sa vie terrestre ne la destinerait pas à vivre au delà de la mort dans la société des anges et Ju Christ.

Religieuses ou laïques, toutes les vertus privées s'érigent en fins pourvu qu'elles acquièrent une certaine force et pénètrent un peu profondément la vie spirituelle des hommes. La sincérité avec soi-même est une vertu socialement très bienfaisante, car on découvre aisément que, si elle venait à se généraliser, elle épargnerait à la société des désordres, des pertes d'énergie, des souffrances sans nombre ; et cependant les hommes très rares qui pratiquent ce genre difficile de franchise ne le justifient presque jamais par un intérêt public, mais se bornent d'ordinaire à considérer qu'il est de leur dignité de n'être pas plus dupes d'eux-mêmes que des autres et de ne fuir en aucune circonstance aucune clarté. De même beaucoup d'hommes répugnent à l'intempérance sous toutes ses formes, non parce qu'ils savent que l'intempérance entraîne des effets sociaux détestables, mais parce qu'ils se sentent tenus de ne pas s'abaisser et s'avilir. De même encore, si nombre de nos contemporains éprouvent le besoin moral d'exercer leurs facultés scientifiques et critiques et de les porter au plus haut degré de pénétration et de puissance, c'est moins parce qu'une intelligence vigoureuse et sûre est pour la société une force éminemment utile que parce qu'elle est pour l'homme qui l'a conquise une dignité. Il est surtout manifeste que les hommes qui se font une obligation de conserver intacte leur indépendance, et de n'en jamais livrer une parcelle aux puissants du monde en échange de quelque faveur, obéissent à un sentiment de fierté qui leur paraît être la partie la plus haute de leur nature beaucoup plus qu'à un désir de donner à tous un exemple socialement salutaire. D'une façon générale ce qui caractérise l'humanité civilisée, c'est un vif sentiment de la dignité humaine et des devoirs que par elle-même elle impose. Or la sociologie peut découvrir les raisons ou quelques-unes des raisons pour lesquelles ce sentiment de dignité a acquis une telle puissance dans les sociétés civilisées; elle peut dire qu'il a progressé sous la pression d'une nécessité sociale, le culte des facultés communes aux hommes étant le seul capable de relier des êtres que leurs professions et occupations ont différenciés à l'excès. Mais lorsque le sentiment de la dignité humaine vient à connaître ces explications, et même lorsqu'il leur accorde une certitude qu'elles n'ont pas, la conscience qu'il possède de sa valeur morale propre n'en est nullement troublée : s'il reconnaît dans la force qu'il a acquise l'effet direct ou indirect de la division sociale du travail et des besoins qu'elle crée, il s'affirme supérieur à ses causes sociologiques et revendique le droit de gouverner la conduite des hommes en toute société, même lorsque son empire n'est pas sans danger pour la paix publique. C'est donc qu'il existe, en fait, une morale individuelle qui ne consent pas à se confondre avec la morale sociale, et qui pose les devoirs qu'elle formule, non comme des moyens, mais comme des fins.

Cette distinction de fait est en même temps une distinction de droit.

On pourrait la justifier par des vues métaphysiques ; mais de telles vues, forcément hasardeuses, ne seraient pas ici à leur place ; nous la justifierons donc par une considération de sens commun qui, pour être populaire et simple, n'en est pas moins fondée en raison. Dès que l'homme, à la faveur de la vie sociale, a développé sa puissance d'aimer, de penser et de vouloir, il ne peut se comparer aux autres êtres de la nature sans éprouver un sentiment rationnel de dignité en découvrant à quel point il leur est supérieur. Alors que l'intelligence animale est faite de sensations, d'images, de jugements élémentaires et concrets, l'homme se sait capable, non seulement de juger, mais de raisonner et, par la production et la combinaison sans fin d'idées réfléchies, d'élargir et d'approfondir à l'infini sa vie intellectuelle. En outre, les désirs de l'animal sont purement égoïstes ou étroitement altruistes ; s'il vit en société et participe aux émotions de son groupe, le dévouement même dont parfois il fait preuve revêt presque toujours le caractère automatique de l'instinct. L'homme a le privilège de la sympathie pleinement consciente ; il peut choisir, pour leur vouer son affection, ceux qui lui paraissent les plus dignes d'être aimés ; son amitié, quand elle mérite ce nom, n'est pas un pur entraînement, mais un don de l'esprit et de l'âme. Et, de plus, la sympathie de l'homme est capable d'une extension sans bornes ; il peut s'attacher et s'attache parfois à des êtres de toute espèce, à des bêtes, à des plantes, à des objets inanimés : le cœur, chez l'élite humaine, se fait aussi vaste que l'univers. Enfin, tandis que l'animal ne possède qu'une volonté rudimentaire et que, s'il hésite avant de choisir, ce n'est pas entre deux idées ou entre une idée et un attrait sensible, mais entre deux images qui occupent momentanément sa conscience avec une force à peu près égale, la volonté seule de l'homme, grâce aux mobiles originaux que lui fournissent une intelligence plus haute et une sensibilité plus généreuse, va jusqu'à préférer délibérément la mort à la violation d'une règle qu'elle s'est imposée. Ainsi toutes ses facultés, à mesure qu'elles tendent vers leur plein développement, fournissent à l'homme le sentiment qu'il est un être supérieur aux autres ; et ce sentiment n'est pas une prétention illusoire puisque, plus il s'examine et se critique, c'est-à-dire plus il travaille à se libérer des suggestions de l'orgueil humain, plus il découvre dans cet effort d'impartialité la marque d'une excellence impossible à nier.

Il n'est pas sans intérêt de remarquer que ce sentiment de la dignité humaine, d'où procède toute la morale individuelle, envahit la morale sociale elle-même et modifie la signification et le contenu des devoirs sociaux, notamment des devoirs de justice. Certes, la justice des modernes ne diffère pas essentiellement de celle des anciens ; elle exige, comme elle, l'attribution à chacun de ce qui lui est dû ; mais elle entend d'une façon sensiblement nouvelle ce qui est dû à chacun et place au premier rang de ses exigences le respect de la dignité humaine en tous. Elle n'admet plus ni l'esclavage ni le servage, et tolère mal le salariat, même entouré d'institutions légales qui en limitent l'influence opprimante et qui permettent à l'élite ouvrière de lui substituer le régime d'une libre coopération. La justice antique se réglait sur les conditions de santé et de force du corps social ; la nôtre, pour faire respecter en tous la dignité de l'être humain, prétend modifier les conditions mêmes de la vie en société. Si vraiment la justice telle que nous la concevons se bornait à répondre au besoin de stabilité et de force de la cité, il faut avouer qu'elle y répondrait souvent assez mal, car il arrive que ses entreprises un peu profondes font courir à la société un péril grave, parfois un danger de mort. Qu'il y ait excès de pessimisme à soutenir que force sociale et justice sociale s'opposent, nous l'accordons, mais aussi l'expérience nous garde de l'illusion qu'elles sont constamment solidaires et qu'elles se développent en raison directe l'une de l'autre. Des sociétés anciennes que, de notre point de vue, nous jugeons avec raison très injustes, ont eu beaucoup de cohérence et de puissance ; l'esclavage a servi de fondement à des organisations sociales très vigoureuses. En revanche presque toujours les peuples dont les idées et les institutions sont moralement en avance sur leur temps trouvent dans leur supériorité même une cause de faiblesse, non par la faute des idées, mais par celle de la grande masse des esprits qui, mal préparés à les recevoir et incapables de mettre à profit la vertu positive qu'elles renferment, laissent tomber sous leur influence une discipline traditionnelle dont ils avaient encore besoin. Le progrès de la pensée morale suscite donc des conceptions qui, loin d'être nécessitées par le maintien des sociétés existantes, visent plutôt à les détruire. Il est vrai que chaque idée morale nouvelle et plus haute tend à s'incarner elle-même en un type de société nouveau et supérieur; mais ce type de société n'est pas supérieur à l'ancien parce qu'il est plus solide, il lui est supérieur parce qu'il offre une image moins imparfaite de la justice. En pareil cas ce que nous appelons progrès social est mal nommé; on devrait dire progrès moral ou, plutôt, conformité croissante des institutions sociales aux exigences de la moralité. Mais si le prétendu progrès social que réalisent nos sociétés civilisées n'est qu'une étiquette inexacte qui cache le progrès de la justice dans les institutions, il est clair qu'on ne peut plus sans tautologie faire consister la moralité dans une adaptation et une participation volontaires de l'individu au progrès social.

Il suit de ce qui précède qu'à un moment de l'évolution humaine la relation primitive du moral et du social se modifie ou plutôt se renverse : d'abord la cité s'imposait à l'individu et, avec les besoins collectifs, lui créait des devoirs; ensuite lorsqu'a grandi la conscience de l'individu, c'est elle qui soumet ou veut soumettre la cité à son idéal. Refusera-t-on d'attribuer ce rôle à la conscience en affirmant qu'elle ne saurait évoluer d'elle-même et qu'il lui faut trouver dans quelque nécessité sociale le principe de son mouvement ? Nous répondrons que la raison pratique, comme la raison théorique, a ses lois internes d'évolution, et que la notion du juste, une fois produite, exprime son progrès en définitions d'une valeur croissante, selon un ordre que les conditions sociologiques ne prédéterminent pas ou qu'elles ne modifient que partiellement. Lorsqu'à la proposition de Socrate qui fait consister la justice dans le respect de l'ordre légal Platon substitue une autre formule qui définit la justice comme le respect de l'ordre rationnel, ce changement de définition a-t-il été déterminé par une modification de la structure des cités grecques, par un accroissement de leur volume, ou de leur densité, ou de leur hétérogénéité économique ? Non, certes, mais par le progrès d'une réflexion pénétrante qui, refusant de reconnaître la vraie justice dans des institutions souvent absurdes et funestes, la place dans la réalisation ou le maintien d'une harmonie qui assure la santé et le bonheur de la société et de l'individu. De même, lorsque Platon renonce à la maxime socratique selon laquelle il est juste de rendre service à ses amis et de nuire à ses ennemis, et qu'il déclare que la justice interdit de faire du mal aux hommes, amis ou ennemis, ce n'est pas quelque innovation dans la structure sociale d'Athènes, mais une vue profonde de sa raison appliquée aux problèmes de la vie morale qui lui dicte cette haute conception. Il ne faut, pense-t-il, faire de mal à personne, car on ne fait pas sciemment le mal sans haine, et la haine est une passion toujours mauvaise, puisque par nature elle est un signe et une cause de désordre intérieur. D'autre part, il ne faut pas nuire aux hommes injustes qui nous persécutent parce que les hommes injustes sont des ignorants, des aveugles auxquels manque la clarté du bien, et qu'il convient d'avoir pitié de leur ignorance, source de leurs vices et de leurs misères. La notion platonicienne de la justice procède donc de la notion socratique par l'intermédiaire de deux idées auxquelles la réflexion devait naturellement conduire un esprit élevé. Ainsi les idées morales s'engendrent les unes les autres selon une loi qui n'a rien à voir avec les manières d'être sociales et les changements graduels ou brusques qui les modifient ou les transforment.

Dira-t-on que cette dialectique se confine dans les systèmes de philosophie, et qu'elle est sans action sur les croyances morales de la multitude humaine qui restent entièrement soumises au jeu fatal des conditions sociologiques? L'objection ne nous paraîtrait pas fondée. Pour prendre un exemple dans le monde moderne, il nous semble que le socialisme, aujourd'hui si populaire, doit une grande partie de sa force à un développement rationnel de l'idée de justice. Il a paru juste que le peuple fût souverain dans l'ordre politique; quoi de plus rationnel que d'en conclure qu'il doit être également souverain dans l'ordre économique? Que sa dignité, respectée dans la cité, soit méconnue à l'atelier, n'est-ce pas là une contradiction intolérable que précisément le socialisme se donne pour tâche d'abolir? On aboutit encore au socialisme par une autre voie logique : l'État déclare tous les citoyens admissibles, sans autre distinction que celle du mérite, à tous les emplois, fonctions et dignités dont il dispose; mais s'il est équitable que tous aient accès aux fonctions de l'État, il ne l'est pas moins que les fonctions dirigeantes de l'industrie soient accessibles à tous, indépendamment du hasard de la naissance qui a muni les uns et privé les autres d'un capital héréditaire. On en conclut que, dans n'importe quel ordre d'activité, chacun doit être le fils de ses œuvres, et qu'il faut supprimer le principe de la propriété individuelle transmissible par héritage, afin que tous les individus puissent entrer à conditions extérieures égales dans la lutte pour la vie ou plutôt pour les fonctions socialement avantageuses. Ce progrès logique de l'idée de justice sociale ne s'exprime pas aussi savamment dans le langage du peuple que dans celui des théoriciens; mais en quelques termes qu'il s'exprime, il exerce certainement une influence profonde et collabore avec d'autres causes dont nous ne méconnaissons pas l'action, mais qui n'agissent, après tout, qu'à travers des sentiments, des idées, des obligations nettement pensées ou confusément senties. Nous ne pouvons donc douter que, dans la masse humaine comme dans l'élite, les idées morales se développent selon un déterminisme rationnel qui peut être aidé ou entravé par le déterminisme sociologique, mais qui en est distinct.

On vient de voir que le moral a sa causalité comme sa réalité propre et qu'il est donc faux de le réduire ou de le subordonner complètement au social. Ajoutons, pour conclure, que ces tentatives de réduction ou de subordination, inspirées sans doute par le désir très louable de faire accepter à l'individu humain la discipline nécessaire que la société lui impose, ont le grand tort non seulement d'être fausses, mais encore d'être impuissantes à exercer sur la multitude la salutaire influence qu'elles se promettent. Depuis que l'enrichissement de sa vie mentale et morale a donné à l'homme une vive conscience de ce qu'il vaut, il ne veut plus être un moyen pour quelque autre chose, même pour la société. Il a beau se savoir le débiteur de cette société qui lui fournit les éléments de sa culture et les conditions de son développement, il la juge et ne l'estime que selon les services qu'elle rend à l'idéal qu'il s'est fait. Même ceux d'entre nous qui l'aiment avec le plus de dévouement et dépensent pour elle le plus d'énergie comprennent qu'elle n'est un bien que parce qu'elle rend possible la vie la plus haute de l'individu.

En effet c'est grâce à la société que l'individu s'affranchit de toute sorte de servitudes : par le langage, elle l'affranchit de l'isolement de la conscience ; par la science, elle le libère de l'ascendant de la sensation ; par le droit, elle le délivre de la loi de vengeance bestiale ; par les divers modes de coopération qu'elle suscite, elle supprime ou restreint pour lui la loi de concurrence vitale ; par l'art, elle l'élève au-dessus des formes inférieures de la sensualité et transfigure, en les ennoblissant, les impressions qui lui viennent des choses et des hommes; par la philosophie et la religion, elle fait tomber les limites du temps et de l'espace qui emprisonnent si étroitement son existence individuelle et lui ouvre des perspectives sans bornes sur l'univers éternel. Bref, il nous apparaît que, par ses institutions et ses œuvres essentielles, la société émancipe l'individu humain et lui procure du même coup des sources de joie incomparables, pourvu qu'il sache à la fois discipliner les portions basses de sa nature et exalter, en les réglant, ses facultés supérieures.

La société est donc un moyen, un moyen que rien ne peut remplacer et dont le prix ne se mesure pas, mais qui tombe en définitive sous le contrôle de notre raison et de notre conscience. Elle a pu être pour l'individu, à l'époque de la civilisation commençante, l'objet d'un culte qui n'allait pas sans superstitions; ce moment de l'histoire a disparu pour jamais. Nous savons aujourd'hui que la société n'a aucun caractère divin et qu'elle n'est pas en elle-même un but; c'est pourquoi nous ne l'adorerons plus : nous nous contenterons de la respecter et de l'aimer en êtres libres, parce qu'elle est aux yeux de notre raison la seule condition de l'achèvement de l'humanité et la seule voie ouverte vers le bonheur noble auquel nous aspirons. Au-dessus de toutes choses s'élève et s'élèvera désormais notre dignité d'hommes ; d'où il suit qu'on ne peut plus faire tenir la morale tout entière dans la morale sociale, comme si notre rôle à nous, individus, devait se borner à servir la société telle qu'elle est ou tend à être indépendamment de notre pensée et de notre volonté, par le seul jeu de sa structure et le seul effet de ses conditions. Puisqu'il existe un idéal humain que la société rend possible, mais qui la dépasse, il existe aussi une morale individuelle, un ensemble de devoirs qui s'imposent à chacun de nous à l'égard du génie que, selon les Stoïciens, tout homme porte en soi.

II. — L'AUTONOMIE

La première obligation que nous impose notre dignité de personnes est de nous gouverner nous-mêmes. La plupart peut-être des hommes reçoivent leurs règles de conduite toutes faites de leur famille, de leur église ou de l'opinion publique; ce sont des pensées étrangères, non des pensées personnelles qui les dirigent, et leur vie n'est qu'une servitude continue. C'est cette servitude que les philosophes nomment hétéronomie; et ils lui opposent, sous le nom d'autonomie, la liberté de l'homme qui, par l'effort de sa réflexion propre, se donne à lui-même ses principes d'action. L'individu autonome ne vit pas sans règles, mais il n'obéit qu'aux règles qu'il a choisies après examen: il est son législateur et son maître.

Combien est moralement précieuse cette indépendance, c'est ce qui apparaît d'abord. L'individu qui ne se dirige pas lui-même n'est pas, à vrai dire, un homme: on ne trouve pas en lui ce qui constitue l'essence et fait la noblesse de l'humanité. Si le hasard de la naissance l'a attaché à une haute religion, il ne profite pas des ressources spirituelles dont elle dispose : les croyances soustraites au libre examen de l'intelligence et de la conscience individuelles cessent d'être comprises et, dès lors, elles entravent, au lieu de la favoriser, toute action bienfaisante qui pourrait s'exercer sur l'âme. Une conviction d'autorité, dit justement Stuart Mill, manifeste son pouvoir en fermant l'accès de la conscience à toute conviction nouvelle et vivante, « mais elle ne fait rien elle-même pour l'esprit et le cœur que monter la garde afin de les maintenir vides ». La société souffre, comme l'individu, de cette absence d'autonomie. Lorsque nul ne discute les idées et les pratiques régnantes, la source même du progrès est tarie. Le progrès se réalise par une série d'innovations, et toute innovation suppose une réflexion sur la réalité donnée, un examen critique qui aboutit à un mécontentement et à un effort suscité par ce mécontentement même. L'humanité ne marche et ne monte qu'entraînée par les hommes d'initiative qui se tracent à eux-mêmes leur chemin.

Puisque l'autonomie a un tel prix moral et social, cherchons en quel sens, dans quelle mesure et sous quelles conditions elle peut se réaliser.

Kant place l'autonomie dans la détermination de la volonté par la raison pure, qui conçoit l'universel. Selon lui, tout homme est moralement esclave dont les décisions subissent des influences sensibles ; celui-là seul est libre qui règle sa conduite en dehors de toute espèce de sentiment. Par exemple j'agis en être autonome si je veux le bonheur d'autrui, non par amour pour autrui ou parce que le bonheur est en lui-même un bien, mais pour obéir à la raison pratique, que satisfait seulement la conduite dont la maxime peut s'universaliser. — Nous avouons qu'il nous est difficile de concevoir cet idéal d'autonomie absolue. En effet la sensibilité fait partie comme la raison de la nature de l'homme, et un individu humain n'existe à titre d'individu que par ses tendances naturelles ou acquises, par l'espèce et le degré ordinaire de ses désirs, de ses souffrances et de ses joies. Chacun de nous se définit plus encore par ce qu'il sent que par ce qu'il pense. Et si l'on suppose, par une hypothèse toute fictive, qu'un individu se détermine indépendamment de sa nature sensible et par la seule conception d'objets impersonnels, nous ne voyons plus comment on pourrait légitimement dire de cet individu qu'il se détermine par lui-même ou, en d'autres termes, qu'il est autonome. On n'a pas le droit d'attribuer à quelqu'un, comme un acte de législation morale qui lui appartienne, une décision à laquelle demeure étranger ce que son être a de plus individuel. Quand je fais abstraction de ma sensibilité, je supprime ce qui me distingue essentiellement des autres et si, dans cette hypothèse, je puis encore agir, ce n'est plus par moi-même que j'agis. Il s'ensuit que l'autonomie absolue de Kant se détruit elle-même en détruisant son propre sujet, le moi.

Il est vrai que la plupart des kantiens et des spiritualistes distinguent de l'individualité, qui a pour base l'organisme et pour matériaux les facultés et tendances sensibles, la personnalité définie comme la conscience de l'impersonnel. Le savant, disent-ils, s'oublie dans la science; le citoyen libéral et juste ne vit que pour son idéal de justice et de liberté. A leur exemple, c'est en se déprenant de soi que chacun de nous devient ou peut devenir une personne. — La distinction est excellente, et nous l'acceptons, pourvu qu'elle ne prenne pas un sens absolu; car jamais, à notre connaissance, la personnalité ne se détache de l'individualité où elle a son germe, et l'on peut dire qu'elle n'est que l'individualité même envisagée dans ses facultés ou tendances les plus hautes et dans sa direction la plus humaine. Il y a en nous des inclinations qui dépendent de la raison, mais dont elle n'est que partiellement la cause. L'idée que le savant se fait de la science et l'amour qu'il a pour elle tiennent dans une large mesure à son tempérament propre: certains savants n'aiment qu'à recueillir des faits; d'autres se plaisent uniquement à classer les êtres; d'autres s'intéressent presque exclusivement au devenir des phénomènes et à l'évolution des formes; il en est, enfin, qui recherchent avant tout les raisons explicatives; et ces façons différentes de concevoir et d'aimer le vrai précèdent incontestablement l'effort que fait pour les justifier une réflexion qui voudrait être impartiale et ne l'est pas entièrement: elles ont leur source première en des inclinations natives, liées à la structure organique et cérébrale. De même les hommes qui se mettent tout entiers au service de quelque idéal pratique ont leur façon propre de s'oublier où leur sensibilité se révèle : et c'est pourquoi la philanthropie prend presque autant de formes qu'il y a de philanthropes. La personne humaine ne se détermine donc jamais par la raison pure, c'est-à-dire n'est jamais pleinement autonome, au sens kantien. Kant lui-même ne se voit-il pas contraint d'avouer, dans le *Fondement de la métaphysique des mœurs*, qu'il ne connaît aucun cas authentique de détermination par la raison seule, et ne dit-il pas des plus grands sacrifices de la vertu qu'il est toujours possible que quelque secret mouvement de l'amour-propre, de la sympathie, de l'honneur, ait déterminé sous la fausse apparence de l'idée du devoir la résolution héroïque prise par la volonté ?

Abandonnons donc la notion hypothétique d'autonomie absolue et définissons l'individu autonome comme celui qui se détermine, non par sa raison seule, mais à la fois par sa raison et par celles de ses tendances qui s'accordent avec elle. Cette définition est celle du sens commun : l'opinion commune juge moralement libre l'individu qui n'obéit qu'à sa pensée réfléchie et aux sentiments qu'elle approuve. Cette définition a, en outre, l'avantage d'augmenter notablement le nombre des gens dont la vie morale peut revendiquer un caractère autonome, et de faire tomber, au profit des moralistes anciens ou modernes qui, sous la discipline de la raison, ont maintenu les droits de la sensibilité, l'extraordinaire paradoxe qui les rangeait parmi les partisans de l'hétéronomie. Elle ne permet plus de dire qu'un Épicure, un Bentham, un

Stuart Mill n'ont pas enseigné aux hommes à se gouverner eux-mêmes. La vérité est que l'utilitaire qui a pris pour règle de réduire au minimum ses peines et de porter ses plaisirs au maximum et qui ne sacrifie jamais à la jouissance actuelle, si fortement qu'elle le tente, l'idée que l'expérience et le calcul lui ont donnée de son intérêt véritable, est un homme qui se gouverne lui-même, et parfois très durement. Bien plus, des hommes étrangers à toute philosophie et qui ignorent Bentham aussi bien que Platon et Aristote, des industriels et des commerçants dont la vie mentale s'absorbe presque tout entière dans leurs activités économiques, fournissent souvent d'admirables exemples de gouvernement personnel : ils ont fixé par une initiative réfléchie la ligne générale de leur conduite, et tous leurs actes ne sont que les réalisations successives, ajustées aux circonstances changeantes, du programme qu'ils ont adopté d'abord. La vie de tel capitaine de l'industrie ou de la finance présente, à travers une complication extrême d'actes et d'événements, le haut degré de conscience et la continuité rigoureuse d'une existence stoïcienne. C'est donc que l'autonomie se réalise de mille façons diverses, et qu'en fin de compte il faut juger autonome tout individu, philosophe ou non, qui sous l'influence de mobiles idéaux ou sensibles agit avec suite, en sachant ce qu'il fait et pourquoi il le fait.

Si telle est l'autonomie, ne sommes-nous pas forcés de la reconnaître chez des hommes franchement immoraux, mais d'une immoralité consciente et cohérente? Il existe, on le sait, des individus qui sont, en morale, non pas précisément des sceptiques, mais des négateurs : refusant toute réalité aux notions du bien et du mal et dépourvus d'ailleurs d'inclinations altruistes, ils se font une loi de satisfaire leur volonté propre de puissance et de jouissance aux dépens des autres, qu'ils dépouillent ou oppriment. Dira-t-on de ces hommes de proie réfléchis et systématiques qu'ils se gouvernent eux-mêmes? Il le faut, croyons-nous, puisque ce n'est pas du dehors, mais du dedans qu'ils reçoivent leur règle de vie et que leur conduite exprime l'ascendant de leurs tendances les plus fortes, accepté et justifié par leur réflexion. A côté d'une autonomie des honnêtes gens, il en est une autre des gredins. Mais que suit-il de là, sinon qu'on a tort de confondre, comme on le fait souvent, autonomie et moralité? Il ne suffit pas, pour être vertueux, de se gouverner soi-même : la forme de l'autonomie pouvant s'appliquer à la mauvaise conduite comme à la conduite droite, la vertu et le vice ne se distinguent sûrement l'un de l'autre que par leur matière ou, en d'autres termes, par l'objet qu'ils poursuivent.

Observons toutefois que l'autonomie est une forme essentielle et fixe de la vertu, et qu'elle ne caractérise que par exception la vie moralement mauvaise. Presque tous les gens vicieux mènent ce qu'on appelle une « existence dissolue », c'est-à-dire une vie incohérente; et Guyau a justement remarqué que les hommes d'énergie brutale et antisociale sont rarement conséquents avec eux-mêmes parce que leur volonté mauvaise, ne pouvant triompher toute seule, « doit s'appuyer sur des alliés, reconstituer ainsi un groupe social et s'imposer vis-à-vis de ce groupe ami les servitudes dont elle a voulu s'affranchir à l'égard des autres hommes, ses alliés naturels ». Les honnêtes gens sont les seuls qui échappent à la nécessité de se contredire, d'abandonner ou d'interrompre la discipline générale à laquelle ils ont soumis leur vie : il n'y a pas un seul cas où le juste se sente réellement contraint d'être injuste. D'autre part, l'homme qui organise son existence dans un but étroitement et brutalement égoïste la réduit, l'appauvrit et, la heurtant sans cesse aux autres, la condamne presque forcément à quelque défaite sans réparation ni consolation, tandis que l'homme qui ordonne ses forces au service d'un idéal généreux enrichit sa vie intérieure, élargit son activité, s'assure la sympathie et le concours des meilleurs parmi les hommes et, même vaincu par l'hostilité de la multitude ou par la défaveur du sort, garde la fierté d'avoir fait ce qu'il devait. On peut donc distinguer une autonomie rationnelle et une autonomie irrationnelle, la première définissant la vertu et la seconde s'appliquant à l'immoralité ou, du moins, à quelques-unes des formes qu'elle revêt; et il est aisé de voir que cette distinction se justifierait aussi bien du point de vue social que du point de vue individuel.

Nous ne nous dissimulons pas que l'autonomie rationnelle et morale, si elle comporte la possibilité logique d'une réalisation intégrale, n'est jamais, en fait, entièrement réalisée. Quand nous examinons de près la vie des hommes que nous estimons ou admirons le plus, nous découvrons d'ordinaire qu'ils n'ont organisé par un effort personnel qu'une portion de leur être et de leur activité. Rien n'est plus commun chez eux que la coexistence d'une liberté conquise et d'une servitude acceptée. Tel homme d'une grande valeur morale, qui est à la fois savant et croyant, se révèle comme un savant autonome et comme un croyant hétéronome : sa science n'accueille aucune affirmation qu'il n'ait rigoureusement vérifiée, et sa foi souscrit sans examen ni discussion à des formules théologiques peut-être vides de sens. Tel philosophe juge avec une liberté entière et une franchise courageuse les questions métaphysiques et, en politique, suit sans résistance les opinions étroitement conservatrices de son monde ou de son journal. Il n'est pas rare, non plus, qu'un industriel de pensée libre et de volonté entreprenante sur le champ de bataille économique cache en matière littéraire, artistique ou morale, un esclave de la tradition. On voit donc que, dans la réalité, le problème de l'autonomie est très complexe par cela même que la raison individuelle, ne se détachant jamais entièrement des influences sensibles, n'est jamais pleinement libre, que sa faiblesse naturelle et les dépendances qu'elle subit la condamnent habituellement à ne conquérir sur l'hétéronomie que des fragments de l'être, et que trop souvent la victoire qu'elle remporte sur un point, elle la paie ailleurs par une défaite ou même par une abdication. Mais la complexité, les désordres et les contradictions de l'expérience n'ôtent rien à la clarté de l'idéal : si nul n'est absolument autonome, celui-là l'est au plus haut degré qui donne à sa raison le maximum de force, arme le mieux contre les inclinations basses les nobles sentiments qu'elle engendre ou favorise, et soumet le plus complètement à la raison ainsi fortifiée, le plus grand nombre des provinces de sa vie intérieure et extérieure.

Jusqu'à présent nous n'avons considéré l'autonomie que du côté de l'agent moral et de ses facultés ; il nous reste maintenant à l'envisager d'un autre côté, en nous tournant vers la loi que l'agent se donne. Que doit être cette loi pour qu'elle respecte ou même pour qu'elle fonde la liberté ? En d'autres termes, comment faut-il concevoir la nature de la discipline adoptée par l'individu pour qu'elle mérite le nom d'autonomie ?

Une réponse que nous ne pouvons passer sous silence, parce qu'elle est aujourd'hui très populaire, c'est que cette discipline peut être tout ce qu'on voudra, sauf théologique : toute règle de conduite qui viendrait d'une église constituerait un servage moral. — Sans vouloir soutenir des intérêts théologiques entièrement étrangers à notre morale, nous voyons dans cette affirmation une erreur, et une erreur socialement dangereuse, parce qu'elle peut nous conduire à juger et à traiter avec mépris un grand nombre de nos concitoyens. Il n'est pas bon qu'un peuple se divise en deux portions dont l'une s'attribue une pleine liberté d'esprit et n'aperçoit dans l'autre que des serfs intellectuels. Ce qui nous paraît sûr, c'est qu'une pareille division ne répond à aucune réalité : s'il y a de libres sceptiques en matière religieuse, il y a aussi de libres croyants. D'abord c'est une erreur de croire que toutes les religions sont autoritaires ; il en est de libérales, ce qui signifie pour quelques-unes que non seulement elles tolèrent, mais qu'elles réclament la liberté de l'individu. Lorsque l'illustre théologien protestant Auguste Sabatier proclame que la foi n'est pas « un acte de soumission à l'égard d'une autorité », mais « un fait moral, une inspiration intérieure » qui n'a d'autre garantie que sa propre évidence, qui suscite spontanément les images et symboles conformes à sa nature et fournit au chrétien « un principe de critique » auquel aucun livre ni aucun dogme n'échappe, comment pourrait-on confondre cette religion sans autorité extérieure avec les doctrines d'hétéronomie et de servitude ?

Mais même les religions d'autorité peuvent recevoir et reçoivent réellement chez beaucoup d'âmes une signification compatible avec l'autonomie. Le type de ces religions est le catholicisme, et l'on sait qu'il existe des catholiques très largement individualistes, — quelques doutes qu'inspire la valeur logique de leur attitude. Ces hommes éprouvent le besoin de fonder leur vie morale sur l'absolu, et c'est pourquoi ils ne trouvent la paix intérieure que sous l'autorité d'un magistère infaillible qui les assure contre toute erreur sur le sens de la vie et sur les règles obligatoires de la conduite. Mais en même temps ils se rendent compte qu'un credo n'a de vertu ni de réalité que s'il pénètre la conscience individuelle au lieu de lui rester extérieur; et, dès lors, ils réduisent le rôle du magistère infaillible à consacrer les croyances auxquelles tendent les sentiments mystiques des fidèles, lorsque ces croyances justifient par leur accord avec les affirmations antérieures de l'Église la place qu'elles réclament dans un credo qui s'élargit sans se contredire. Le dogmatisme de l'Église, écrivent-ils, n'entrave en rien notre liberté; car c'est notre conscience individuelle qui, associée à des milliers et à des millions d'autres dans la conscience collective de l'Église, engendre les dogmes que l'autorité infaillible définit, mais qu'elle n'invente pas; « la parole de l'Église est notre parole même en tant que nous sommes catholiques », mais notre parole plus abstraite. Et ils ajoutent que, si les abstractions du dogme sortent, à travers une longue élaboration, de consciences individuelles qui participent à la même vie religieuse, elles ne deviennent actives et fécondes qu'à condition de redescendre de l'abstrait dans le concret et de se singulariser dans chaque conscience, en se mêlant à tout l'ensemble de pensées, de passions et d'émotions qui distinguent un individu d'un autre individu. Ainsi l'autonomie se manifesterait deux fois dans la discipline catholique, d'abord à l'origine de la foi qu'elle contribuerait à former, puis, au terme de la foi constituée dont elle ferait vivre les dogmes impersonnels dans l'âme originale de chaque croyant.

Pourtant le dogmatisme religieux, s'il n'exclut pas l'autonomie, la limite ; car les dogmes une fois proclamés par l'autorité compétente se refusent à toute contestation et à toute revision. « La foi, dit l'abbé de Broglie, c'est la conviction permanente de certaines doctrines, accompagnée de l'idée que les croire est un devoir et que les mettre en doute est une pensée coupable. » La liberté de douter étant inséparable de la liberté de penser, la théologie qui restreint l'une entrave l'autre. Sans doute, comme l'obstacle est de nature idéale, il ne paralyserait pas la raison si la sanction des doutes interdits consistait en un châtiment borné. Mais ce qui, dans certaines religions, tend à rendre impossible la révolte de la raison et, par suite, à supprimer l'autonomie de l'homme, c'est que ces religions attachent à l'examen sceptique un châtiment sans mesure et sans fin. Pour que l'homme pût consciemment mépriser la menace d'une damnation éternelle, il faudrait qu'il fût doué d'une moralité infinie ou d'un orgueil infini. Or la moralité infinie n'est pas à notre portée, s'il est vrai que la vertu des plus grands saints a ses défaillances, et l'orgueil infini ne saurait se rencontrer chez aucun homme réfléchi, puisque la réflexion nous découvre de tout côté les limites de notre force et de notre pouvoir. Nous ne possédons donc aucun mobile capable de faire équilibre à l'image de la souffrance éternelle lorsque la foi est assez vive pour placer sous cette image une réalité certaine[1]. Il y a ainsi

---

1. Peut-être objectera-t-on que Stuart Mill, après avoir refusé le

des dogmes qui, une fois acceptés, pèsent trop lourdement sur le cœur de l'homme pour ne pas restreindre sa liberté spirituelle, et il faut reconnaître que, même lorsqu'elles ne disposent pas de la contrainte des lois et n'accablent pas la pensée libre sous une hétéronomie légale, les religions dogmatiques contiennent un principe d'hétéronomie morale ; elles entravent le jeu de nos facultés et empêchent leur plein développement.

D'ailleurs l'hétéronomie n'est pas propre à la religion ; nous la retrouvons dans la science sous une autre forme. La science nous autorise ou même nous invite à tout discuter et à tout reviser ; mais si nous restons toujours libres d'examiner à nouveau les propositions qu'elle formule, celles de ses lois que nous avons dû reconnaître limitent l'indépendance de notre vouloir. N'est-il pas visible que, dans la mesure où les historiens font pénétrer l'esprit scientifique dans notre morale sociale, ils réduisent les ambitions qu'elle peut concevoir, lorsqu'ils ne vont pas jusqu'à les supprimer tout à fait ? Presque chaque Français rêve pour la France une constitution idéale, différente selon les différents goûts ; mais, si nous en croyons Taine,

titre de bon à un Dieu qui damnerait des hommes, a pu écrire : « Si un tel Dieu existe, et s'il est capable de punir mon refus par l'enfer, c'est de grand cœur que j'irai. » Cette parole est héroïque et sûrement sincère ; mais ou bien Stuart Mill ne mesura pas, en la prononçant, l'immensité du supplice auquel il consentait, ou plutôt — et cette supposition est la plus vraie — sa haute moralité l'avait si profondément et si pleinement convaincu que l'enfer n'existe pas qu'il ne parvenait pas à prendre au sérieux, au moment même où il la formulait, l'hypothèse d'une damnation éternelle.

tous ces rêves sont stériles, le caractère et le passé de notre peuple prédéterminant son avenir : « D'avance la nature et l'histoire ont choisi pour nous ; c'est à nous de nous accommoder à elles, car il est sûr qu'elles ne s'accommoderont pas à nous. » Les sociologues, s'ils ne parlent pas le même langage, aboutissent à la même conclusion : d'après eux, ce ne sont pas les dispositions ethniques ou les événements historiques, mais les conditions sociologiques qui décident de la voie où la société s'engagera. Notre société sera de plus en plus une démocratie, non parce que le tempérament et l'éducation des hommes qui la composent les attachent à la liberté et à l'égalité, mais parce qu'elle est très volumineuse, très dense, très centralisée, qu'elle groupe des unités très mobiles, qu'elle pousse très loin la division du travail, et que par tous ces caractères elle suscite ou propage dans la conscience collective des sentiments démocratiques. Une fois qu'on connaît les manières d'être sociales et le déterminisme selon lequel elles agissent sur les individus, on en déduit qu'elles imprimeront à la pensée et à la volonté communes une direction qui sera infailliblement suivie. Essaierons-nous, au nom de quelque idée morale, de détourner le courant ? Il briserait notre effort et continuerait sa marche vers son terme nécessaire. Que ferons-nous donc, si nous sommes sages ? Nous consentirons ou même nous aiderons, pour notre part, à l'avènement de l'ordre qui sera, quoi que nous fassions. Ainsi selon les sociologues comme selon certains historiens philosophes, nous n'avons pas à nous donner notre loi, mais à la recevoir des choses. Le monde nous dicte la ligne de conduite qu'il est rationnel de suivre, et notre vertu est obéissance, soumission, hétéronomie.

Malgré la part de vérité contenue dans les prémisses qui la fondent, nous n'acceptons pas cette conclusion, parce qu'elle attribue à la discipline conseillée par la science un caractère d'hétéronomie radicale qui ne lui appartient pas. C'est toujours une science incomplète et pauvre qui conduit la pensée au fatalisme et la volonté à l'abdication. Dès qu'on voit les choses sociales et morales telles qu'elles sont réellement, c'est-à-dire très complexes, on découvre dans cette complexité même la condition d'une liberté relative. On ne juge plus avec Taine que le tempérament d'un peuple prédétermine sa constitution politique, car on sait que ce tempérament contient à un degré inégal de puissance les facultés et les dispositions les plus diverses, et qu'il n'est jamais impossible que les qualités d'abord les plus effacées et les moins actives soient portées par les circonstances au plus haut degré d'énergie et d'ascendant. Chez le peuple français se rencontrent des qualités très contraires : enthousiasme et ironie, générosité idéaliste et bon sens positif, esprit d'aventure et besoin de sécurité, aptitude à l'obéissance et besoin de critique, sociabilité libérale et passions intolérantes, amour de l'égalité et goût des distinctions artificielles, mille autres contrastes qu'on pourrait citer. A ces dispositions qui se heurtent joignez des traditions qui se combattent : tradition conservatrice et tradition révolutionnaire, souvenirs monarchiques et souvenirs républicains, habitudes catholiques et habitudes voltairiennes. Et toutes ces qualités, ces traditions, ces forces diverses forment à chaque moment de l'histoire un équilibre mouvant et instable dont nul ne peut dire avec certitude qu'il ne se modifiera pas profondément dans l'espace d'un siècle ou même d'une génération. Dès lors, si des hommes de cœur et de caractère ont conçu pour leur patrie un haut idéal, il leur est scientifiquement permis d'espérer qu'en stimulant et exaltant autour d'eux les énergies qui le favorisent, ils le feront tôt ou tard triompher, ou lui prépareront une victoire qui sera l'œuvre des héritiers de leur foi.

La sociologie, pas plus que l'histoire, ne refuse une grande place à l'autonomie de l'homme et du citoyen. En signalant à l'esprit certaines lois, elle lui laisse prise sur les causes et les effets qu'elles relient. Il est vrai que les sociétés modernes, par les contacts et les frottements incessants qu'elles déterminent entre leurs membres et par les combinaisons si diverses où elles les engagent, mettent en jeu des mécanismes psychologiques qui modifient les idées sociales dans le sens démocratique. Pour emprunter un exemple au sociologue qui a le mieux établi cette thèse, M. Bouglé, il est certain que le roturier et le noble n'ont pu se trouver en présence dans les salons du dix-huitième siècle sans s'habituer peu à peu à négliger les distinctions de classes pour tenir compte du mérite propre des individus. Mais il en est du déterminisme sociologique comme de tout autre : en prendre conscience, c'est le dominer et pouvoir le faire servir aux fins qu'on a choisies. Si une classe dirigeante sait que l'entrecroisement des groupes sociaux favorise l'égalitarisme et si elle juge que l'égalitarisme est funeste, elle peut supprimer ou limiter la cause pour supprimer ou limiter l'effet : rien n'empêche les membres d'une aristocratie qui veut vivre d'éviter les rapprochements et les mélanges qui diminueraient son prestige et prépareraient sa mort. Si la même classe dirigeante découvre un autre facteur d'égalitarisme dans la centralisation croissante, qui abaisse au profit des individus comme de l'État les groupements fermés et les grandes personnalités collectives, elle peut opérer un mouvement inverse de décentralisation. A coup sûr la mise en œuvre méthodique et patiente d'un déterminisme sociologique est très difficile, mais elle n'est pas impossible.

Admettons pourtant qu'il ne soit pas en notre pouvoir de modifier les manières d'être sociales et, par contre-coup, leurs effets psychologiques : ces effets psychologiques, qui ne sont, après tout, que des sentiments, peuvent servir de points d'appui à des conceptions morales et sociales très diverses. Que les conditions ou formes des sociétés contemporaines assurent l'empire aux sentiments égalitaires, cette nécessité n'ôte à aucun groupe ni à aucun individu la liberté de concevoir d'une façon particulière l'idéal démocratique, car l'égalité peut être diversement entendue, et l'on peut aussi entendre de façons diverses le mécanisme de son accord avec la liberté. Mais reconnaître qu'un même sentiment général imposé par la structure de la société laisse le choix entre une multitude de conceptions théoriques aptes à le satisfaire, c'est dire que la discipline sociologique respecte dans une large mesure l'autonomie humaine.

Ne peut-on concevoir une discipline qui respecterait entièrement cette autonomie, parce qu'elle serait tout entière l'œuvre de l'agent moral ? Ne peut-on, en d'autres termes, imaginer une loi qui serait sans restriction ni réserve une loi de la liberté ? Les kantiens jugent que l'hypothèse n'est pas seulement possible, mais qu'elle répond à la réalité : il existe une loi, le devoir, que le sujet moral se donne à lui-même, et qui le libère de toutes les servitudes de l'expérience. Ce qui doit être s'impose à ce qui est, et la morale, tout entière construite à priori, est par cela même radicalement autonome. — C'est là une conception très haute, mais, à notre avis, très illusoire, et que ses partisans ne peuvent soutenir jusqu'au bout. Ne nous demandons pas si l'idée même de la loi morale n'a pas ses conditions dans l'expérience ; qu'il nous suffise de constater que ni Kant ni ses disciples n'ont pu sans consulter l'expérience, et surtout sans examiner les conséquences sociales des actions humaines, préciser en devoirs particuliers l'idée générale du devoir. A ce point de vue l'histoire de la pensée morale de Renouvier est particulièrement instructive : elle met en pleine lumière, dans une doctrine qui voulait s'établir à priori, l'intervention nécessaire de l'expérience, et démontre du même coup l'impossibilité pour le moraliste d'échapper à toute hétéronomie.

Lorsqu'en 1848 Renouvier écrit le Manuel républicain, il ne connaît et ne veut connaître que le droit absolu. Des hommes politiques s'étant demandé si le droit au travail est possible, il s'écrie : « Un droit possible ? Où sommes-nous ? Et que devient la France ? Quoi ! de telles choses s'énoncent à la tribune nationale ? Il y a des cœurs qui ne passent point pour bas et que ne révolte pas cette boueuse logique : le droit sera si le droit peut s'exercer. Ainsi le droit dépend du fait et le principe, de la conséquence ! Nouvelle morale, en vérité, et qu'on dirait faite pour des voleurs ! » Voilà, violemment exprimée, la thèse révolutionnaire de l'autonomie absolue, de celle qui ne compte pour rien la réalité positive et ses exigences. Mais à cette thèse Renouvier ne restera pas longtemps fidèle ; il s'en détachera à mesure que le progrès de sa réflexion le conduira à concevoir la morale, non comme un système d'abstractions éloquentes, mais comme un ensemble de règles faites pour la vie.

En effet, lorsque, dans sa pleine maturité intellectuelle, il écrit son chef-d'œuvre, la *Science de la morale*, il n'hésite pas à tenir compte des données de fait et des conditions positives qui rendent un idéal pratiquement possible ou impossible. Il distingue l'état de paix ou de bonne volonté réciproque qu'il faut souhaiter entre les hommes, mais qui n'existe pas, et l'état réel d'antagonisme et de guerre qui contraint la bonne volonté à se tenir en garde et à se défendre sans cesse contre les attaques violentes ou sournoises des volontés mauvaises. C'est pour cet état réel qu'il veut que la morale légifère. La morale, dit-il, ne peut gouverner l'existence humaine si elle ne s'adapte aux « conditions historiques de l'homme ». Elle s'y adaptera donc et prescrira à l'individu, non les règles d'une justice idéale actuellement impraticable, mais celles d'une justice relative et imparfaite, la seule en harmonie par son imperfection même avec la condition d'une humanité encore barbare. N'est-il pas incontestable que le principe d'hétéronomie s'introduit dans la morale de Renouvier avec ces altérations du droit que, pour s'ajuster à la nature empirique des hommes, elle se sent tenue d'accepter? Ce n'est pas sa pleine liberté d'agent moral que Renouvier exprime dans les règles de conduite qu'il formule ; elles lui viennent en grande partie du dehors ou, plus précisément, elles traduisent un compromis de sa liberté avec les nécessités que lui découvre l'étude de son milieu. Et nul ne doutera, s'il n'est dupe d'un idéalisme chimérique, que le mouvement qui a conduit le plus profond de nos moralistes d'une autonomie absolue à une autonomie relative, limitée par les leçons impérieuses de l'expérience, n'ait été un progrès de sa pensée. Peut-être seulement est-il permis de croire que ce mouvement l'a plus d'une fois entraîné trop loin sur le chemin de l'hétéronomie.

Il résulte des considérations précédentes que, comme la volonté de l'être autonome ne s'affranchit jamais de toute influence sensible, les règles de la conduite rationnellement autonome ne peuvent éviter de faire à l'hétéronomie sa part. Mais cette part de l'hétéronomie, si importante qu'elle soit, n'est pas la première, et la conduite morale se définit, croyons-nous, moins comme une dépendance que comme une liberté. Que presque tous, nous recevions la plupart de nos idées morales de l'opinion commune ou d'une Église, rien n'est plus certain; mais ces idées n'acquièrent un caractère vraiment moral que dans la mesure où nous les avons repensées par nous-mêmes : l'acceptation aveugle de la tradition n'est pas vertu, et la moralité proprement humaine ne s'affirme qu'avec la pensée libre et la volonté libre, épousant peut-être la tradition, mais après examen. Que si nous cherchons à nous donner un idéal moral en dehors de toute influence traditionnelle, et si cette recherche nous met en présence de nécessités historiques ou sociales qui imposent à notre liberté des déterminations et limitations involontaires, notre liberté conserve sous la contrainte qu'elle subit la suprématie qui lui appartient, puisque les nécessités qui la restreignent ont été recherchées par elle et découvertes par un effort de réflexion et d'étude qu'elle a voulu. Enfin ces nécessités n'ont pas, à elles seules, déterminé notre idéal : nous nous sommes donné nos principes de conduite, ainsi qu'on l'a vu par l'exemple de Renouvier, en composant avec nos aspirations les plus généreuses et nos idées les plus hautes les leçons de l'expérience, qui nous instruisent sur les conditions et les limites de notre action.

Philosophes ou non, presque tous les hommes qui réfléchissent se proposent pour fin un ordre idéal de justice, parce que cet ordre, en même temps qu'il donne satisfaction aux exigences d'une sociabilité éclairée et d'un altruisme intelligent, satisfait un égoïsme raisonnable en offrant la sphère de développement la plus large aux besoins personnels d'activité, de liberté et de bonheur de l'individu. Puis, une fois qu'ils ont ainsi fixé la fin morale suprême par un acte d'autonomie qui exprime et harmonise tout leur être dans l'entente de leur sensibilité et de leur raison, ils demandent à l'étude des lois et données de la vie individuelle et de la vie sociale les moyens de réaliser cette fin : en d'autres termes, ce sont les sciences biologiques, psychologiques, sociologiques et historiques qui du devoir librement posé font sortir les devoirs. Ainsi, de même que, selon une vieille formule, le savoir scientifique résulte du commerce de notre intelligence avec les choses, notre moralité résulte du commerce de notre être sociable, raisonnable et libre avec le milieu qui l'enveloppe et dont il subit les nécessités, mais dont il modifie les conditions et la structure à mesure qu'il conçoit avec plus de force son idéal propre. Dans la moralité comme dans la science, la part de l'activité interne est prépondérante, et l'autonomie, qui représente en chaque individu la causalité de l'esprit, demeure au premier plan.

La manière dont nous entendons la nature et le rôle de l'autonomie nous permet de dissiper une erreur, à notre avis, dangereuse. Du point de vue où nous nous sommes placés, l'autonomie n'a pas seulement une signification négative, mais encore un sens positif; elle est plus qu'émancipatrice, elle est organisatrice; si elle met en question les idées traditionnelles, c'est pour susciter et faire vivre un idéal personnel; elle ne se réalise que dans un credo laborieusement conquis par l'individu. Dès lors nous ne saurions admettre la thèse, assez souvent affirmée de nos jours, qui attache à l'idée d'autonomie la négation nécessaire de toute doctrine, de tout credo stable, quelle qu'en soit l'origine, laïque ou religieuse. « Notre seul credo, disait, il y a quelques années, un libre penseur, est de n'en pas avoir, parce que tout credo est une immobilisation illicite de la pensée. Nous appelons notre méthode « libre pensée » pour faire entendre que c'est une pensée qui non seulement s'est libérée un jour de l'autorité du dogme et de la foi, mais qui se garde à jamais libre de tout servage doctrinal. Elle n'est pas le terme du mouvement, elle est le mouvement lui-même. Sa fonction est d'évoluer indéfiniment vers un but que l'on cesse de poursuivre dès qu'on s'imagine l'avoir atteint. »

Rien n'est plus chimérique, à notre avis, qu'un tel idéal; car, si l'on excepte peut-être quelques intellectuels, les hommes ne se mettent en quête de la vérité que parce qu'ils ont l'espoir de la découvrir et de trouver en elle un repos relatif. Les plus sceptiques même des intellectuels renonceraient à toute sérieuse activité d'esprit si un bienfaisant instinct vital ne leur suggérait à chaque instant l'illusion secrète que l'effort actuel qu'ils s'imposent leur livrera ou contribuera à leur livrer quelque résultat certain et définitif, ne fût-ce que ce résultat qu'il n'y a pas pour l'homme de vérité certaine et fixe. Vivre, au fond, c'est croire, c'est affirmer, c'est poser des vérités qui dépassent le présent ; et l'idée d'une éternelle recherche, éternellement condamnée à ne rien tenir, répugne invinciblement à la nature humaine.

Psychologiquement impossible, l'idéal d'une liberté qui repousserait tout credo comme une servitude serait, en même temps, funeste à la vie pratique. L'homme est fait pour agir, et une activité droite suppose une pensée ferme. C'est une remarque banale, mais juste, que si chez un peuple les caractères manquent, c'est que les convictions vigoureuses ont péri : en effet on ne se dévoue à un idéal que si on le prend profondément au sérieux, si l'on croit en toute sincérité qu'il exprime quelque chose d'éternel ou, du moins, un moment nécessaire d'une éternelle vérité. Loin d'être un servage, comme on le dit, une doctrine morale, pourvu qu'elle soit vraiment pensée, sinon inventée par l'individu, constitue pour lui une puissance de libération, une force de résistance contre toutes les causes de servitude et la condition nécessaire du gouvernement de soi. Sans doute la doctrine ne doit pas être un obstacle à l'intelligence de vérités neuves, et c'est pourquoi il importe qu'elle soit très large ; mais, si large qu'on la fasse, elle ne peut, sous peine de s'évanouir, renoncer à deux ou trois points fixes, obstacles assurés contre l'anarchie mentale et fondements inébranlables de l'autonomie vraie.

Observons enfin que, si l'autonomie suppose une organisation intérieure de pensées et un certain accord de l'individu avec lui-même, elle n'exclut pas l'accord avec les autres hommes. Se gouverner soi-même, ce n'est pas forcément penser et agir d'une autre façon que ses semblables. L'autonomie n'a rien de commun avec l'insociabilité intellectuelle, et les hommes qui se croient libres parce qu'ils ne pensent ni n'agissent comme les autres oublient qu'on peut contredire la pensée commune par passion, par déraison, par servitude intérieure. Le sage n'aime pas à se savoir en désaccord avec son prochain ; il cherche la vérité, heureux s'il la trouve, plus heureux encore s'il s'aperçoit que la représentation du monde qu'il juge vraie ne lui est pas personnelle, mais lui est commune avec beaucoup d'hommes. Son rêve idéal est une cité des esprits qui goûteraient tous, chacun sous son point de vue, la même vérité. Lorsqu'il pense autrement que les autres, il évite, pour ne pas les offenser, de mettre dans ses actes un degré d'originalité qui n'est pas rigoureusement nécessaire. « L'homme, dit Spinoza, qui se dirige d'après la raison, n'obéit point à la loi par crainte, mais, en tant qu'il s'efforce de conserver son être suivant la raison, c'est-à-dire de vivre libre, il désire se conformer à la règle de la vie et de l'utilité communes, et conséquemment il désire vivre selon les lois communes de la cité. » Comme il se soumet aux lois, il accepte les coutumes, même contraires à ses goûts propres, tant que sa raison ne les condamne pas formellement. C'est donc moins par sa façon d'agir extérieure que par sa manière d'être intime que l'homme raisonnable et libre se distingue de l'homme ignorant et esclave. A coup sûr l'autonomie ne peut, dans beaucoup de cas, se dérober à l'obligation d'un non-conformisme douloureux pour autrui, mais elle n'inflige jamais une douleur inutile ; le penseur réellement libre est celui que guident, en même temps que le respect résolu de sa dignité personnelle, une haute piété sociale et un profond amour des hommes.

III. — SAVOIR ET MORALITÉ.

Si l'homme a le devoir de se gouverner librement lui-même, il a également celui de s'instruire et de s'éclairer. Le manque de savoir et de réflexion constitue, en effet, le pire obstacle à la liberté : nul ne peut se donner des règles de conduite et les suivre s'il ignore sa nature et les conditions sous lesquelles il vit. C'est ce qu'avaient compris les anciens lorsqu'ils érigeaient en vertu la sagesse, c'est-à-dire la science de la vie, des lois réelles qui la régissent et des règles idéales auxquelles elle doit obéir pour se développer pleinement. La plupart des modernes n'attachent pas un moindre prix ou même attachent un prix plus haut à la sagesse ainsi entendue : ils veulent, non plus seulement pour quelques privilégiés, mais pour tous, ouvriers, paysans, commerçants, industriels ou fonctionnaires, une large culture intellectuelle qui communique à chacun une notion suffisamment claire et précise de l'humanité, de ce qu'elle est, de ce qu'elle vaut, de ce qu'elle peut, et le renseigne en même temps sur la structure générale de cet univers physique où son action s'exerce.

On a pourtant contesté de nos jours l'utilité morale et sociale de cette culture humaine. Notre industrialisme scientifique et démocratique n'admet plus, a-t-on dit, le genre de savoir et les habitudes mentales qui convenaient aux aristocraties du passé. Quelle place nos usines et nos ateliers peuvent-ils faire aux dissertations de Platon dans les jardins d'Academus, ou de Thomas d'Aquin dans son couvent, ou de Voltaire dans son salon de bourgeois lettré ? Le monde est devenu un immense laboratoire où chacun a sa tâche précise et ne l'accomplit correctement que s'il possède des connaissances très spéciales. Le devoir du moderne n'est donc pas de réaliser je ne sais quel type vague d'humanité, mais d'être un bon technicien, armé d'une forte culture professionnelle. Qu'on consulte l'expérience : n'est-ce pas la pratique éclairée d'un métier qui fait, parmi nous, l'homme vraiment intelligent et vraiment libre ? La grande institutrice du producteur n'est-elle pas la vie corporative avec ses intérêts, ses luttes, ses ambitions ? Et s'il existe pour l'ouvrier un organe efficace de culture, n'est-ce pas son syndicat professionnel qui le lui fournit ? De ce point de vue notre régime pédagogique doit se renouveler profondément. Qu'il renonce à l'ancienne culture encyclopédique, si pauvre et si stérile, bonne tout au plus à distraire des loisirs d'oisifs ; qu'il multiplie dans les villes les écoles techniques d'industrie et qu'il règle l'instruction des campagnes sur la nature des travaux agricoles de chaque région. Ainsi tout individu jouera son rôle utile dans l'un des organes nécessaires du vaste corps social.

La thèse nous paraît inacceptable, quoiqu'elle ne manque pas de force. Elle condamne justement une certaine conception de la culture trop complaisante aux idéologies abstraites, et se montre à bon droit sévère pour les moralistes et les philosophes qui prétendent résoudre des problèmes pratiques très complexes au moyen de généralités faciles, où se révèle plus de paresse d'esprit que d'élévation intellectuelle et de sérieuse philosophie. Elle n'est pas moins dans le vrai quand elle glorifie le métier, le savoir exact et précis qu'il réclame, l'étroite liaison qu'il établit entre la pensée et le réel. Il n'y a, croyons-nous, de santé intellectuelle et morale que par le métier accepté et compris. Mais nous croyons aussi, contre les partisans d'une culture exclusivement technique, qu'on ne comprend son métier que si on le dépasse, si on saisit sa place dans le vaste ensemble qui l'enveloppe, si on aperçoit les lois qu'il met en œuvre et qui le dominent, si on prend conscience de la discipline qu'il exige et des obligations qu'il crée. Il importe donc, à notre avis, qu'une culture assez haute révèle aux travailleurs le mécanisme général et les fins dernières de la production, qui ne se révèlent qu'incomplètement dans chaque branche particulière de l'activité productive. Sans cette vue supérieure, le métier devient routine, et l'ouvrier tombe du rôle de producteur humain à celui de rouage matériel.

Une autre raison rend nécessaire une culture générale : elle réside dans le progrès même. Une civilisation industrielle impose aux métiers des modifications continues et parfois des transformations très rapides. Combien sont nombreuses aujourd'hui les industries dont les inventions scientifiques ou techniques ont bouleversé les habitudes et renouvelé le régime en l'espace de trente ou quarante ans ! Dès lors on ferait preuve d'un utilitarisme à très courte vue si l'on prétendait d'avance adapter chaque individu à la pratique contemporaine d'un métier défini : cet homme trop bien spécialisé risquerait fort de n'être dans quelques années qu'un organe sans emploi. Pour échapper à ce risque nous ne voyons qu'un moyen, c'est de donner au futur travailleur, en même temps qu'une éducation technique assez souple en sa précision pour pouvoir être diversement utilisée, une culture intellectuelle générale qui, en fortifiant les facultés d'observation et de réflexion par l'étude des lois naturelles et humaines, assure à l'individu le moyen de faire œuvre d'homme en n'importe quelle occupation ou condition.

Observons, en troisième lieu, que les intérêts professionnels ne sont pas nos seuls intérêts et qu'en dehors de la corporation il y a la famille, la patrie et l'humanité, sans oublier l'univers. Or, n'est-ce pas surtout par sa relation avec ces formes de groupement et ces ordres de réalité très différents d'elle-même que la corporation peut donner naissance à une véritable culture ? Si le syndicat professionnel est, comme on le dit, un foyer de vie intellectuelle et morale, c'est qu'il se trouve sans cesse aux prises avec les questions que pose toute une classe, la classe ouvrière ; et celle-ci elle-même ne pose aujourd'hui ces questions que parce qu'elle participe à une civilisation humaine qui a élaboré une conception très démocratique du droit. Il n'est pas jusqu'à la notion de la lutte de classe sur laquelle on voudrait concentrer toute la pensée ouvrière qui ne soit une notion extra-professionnelle et ne vienne de plus haut que le métier. Séparez le syndicat ouvrier de la classe sociale dont il défend les intérêts dans sa sphère, et cette classe elle-même de l'humanité civilisée dont elle est un organe, et le syndicat ainsi isolé sera intellectuellement et moralement stérile. Sans doute nous ne prétendons pas que la culture vienne uniquement d'en haut, mais on n'a pas le droit de dire qu'elle ne vient que d'en bas ; la vérité est qu'elle se réalise par un perpétuel échange entre les régions les plus humbles et les régions les plus hautes de la vie. Comme nul n'est un vrai savant s'il ne joint au goût des faits précis l'amour des vérités générales, nul n'est pleinement un homme s'il n'unit à la pratique d'un métier et au savoir d'un technicien les lumières d'une large culture humaine.

Mais cette culture, comment convient-il de l'entendre ? Les conceptions qu'on peut s'en faire varient avec les époques et avec le degré de civilisation. Si nous ne songeons qu'à nos contemporains et si nous nous demandons quel régime de pensée convient au plus grand nombre, en dehors des spécialisations nécessaires ou utiles, il nous semble que, sans méconnaître les services que la philosophie rend aux hommes en conservant parmi eux le sentiment salutaire de l'inconnaissable,[1] il faut chercher dans la science le facteur principal de la culture intellectuelle. La science ne nous instruit pas seulement par la physique, la chimie et la biologie sur la structure et les procédés de la nature inanimée ou vivante; elle nous fournit encore par la psychologie, la sociologie et l'histoire tout ce que nous savons de certain ou de probable sur l'homme et les choses humaines. Mais comment tirer une culture générale de la science depuis que le progrès de la division du travail intellectuel l'a prodigieusement compliquée?

Il est évident qu'on ne saurait faire consister cette culture dans l'acquisition de toutes les vérités possédées par toutes les sciences: de l'aveu même des savants de profession, aucun chimiste ne connaît à fond toute la chimie ni aucun physicien, toute la physique; à plus forte raison aucun physicien ni aucun chimiste ne connaît, en dehors des lois physiques ou chimiques, l'ensemble des vérités biologiques, psychologiques et sociales aujourd'hui éparses en d'innombrables livres

---

[1]. Nous ne pensons pas que M. Bergson ait réussi, dans son *Évolution créatrice*, à supprimer l'inconnaissable en expliquant le devenir de la nature par un « élan vital » vers des formes imprévisibles. Lors même que cette métaphore s'ajusterait sans peine à tous les détails de l'histoire du monde, elle resterait, prise en elle-même, singulièrement obscure.

ou monographies ; à plus forte raison encore, aucun homme étranger à la profession scientifique ne peut unir dans son esprit toutes les connaissances positives du physicien, du chimiste, du biologiste, du psychologue, du sociologue et de l'historien. Il faut donc choisir dans l'immense étendue du domaine scientifique ce qui s'adapte le mieux aux besoins d'une culture rationnelle ; et ce choix ne peut porter, semble-t-il, que sur les principes et lois qui contribuent le plus à rendre l'univers intelligible. Comme l'ont cru de grands savants et comme l'ont prouvé quelques-uns des livres où ils ont présenté la synthèse scientifique du monde, il est possible de faire comprendre les résultats les plus généraux et les vérités les plus instructives de chaque science indépendamment de la masse des détails d'où ils se dégagent. Certes, les vérités de détail ne sont jamais sans prix, et même elles sont si précieuses qu'on souhaiterait qu'il fût donné à chaque homme d'étudier de près quelque proposition spéciale de physique, ou quelque vérité restreinte de biologie, ou quelque problème limité d'économie politique ; mais ce qui importe à la culture de l'esprit, surtout d'un esprit que la pratique d'une profession étroite ramène sans cesse aux réalités précises et aux observations courtes, ce sont les vues d'ensemble sur la nature et l'homme. Quelles seront ces vues d'ensemble ?

Tout d'abord, il est bon que toute intelligence se familiarise avec les grands principes ou postulats du savoir scientifique. Nul aujourd'hui ne devrait ignorer ce principe du déterminisme universel qui exclut le hasard du monde de la vie comme du monde de la matière, brute et qui attache tout fait naturel à une condition observable dont la présence le produit, dont l'absence le supprime et dont les variations règlent ses variations. Tous également devraient connaître le principe de l'évolution ou du devenir qui, s'il n'est lui-même qu'une conséquence et résulte de principes supérieurs encore inconnus ou mal connus, se manifeste universellement dans le monde, sous des formes différentes dans les différents ordres de phénomènes, et développe l'histoire de l'univers comme une série de créations sans miracle. Lorsque ces deux principes ont été compris, l'univers connaissable prend l'aspect d'un ordre régulier ou, comme disaient les Grecs, d'un cosmos ; soumis à des lois stables, il fournit un point d'appui ferme à la pensée ; et en même temps, comme l'empire compliqué des lois ne l'empêche pas d'être mobile et plastique, il permet à la volonté intelligente qui l'a compris d'employer au service du progrès celles de ses parties qu'elle atteint. La nature n'est plus, comme pour l'homme inculte, je ne sais quoi d'irrationnel et d'incohérent, fait pour entretenir toutes les superstitions et justifier toutes les épouvantes ; elle devient un spectacle rassurant pour la raison et, pour la volonté entreprenante, un champ d'action plein de promesses. Le rationalisme ainsi postulé par la science n'est, à coup sûr, qu'une hypothèse qui a ses contradicteurs : un Nietzsche a pu traiter l'idée de vérité ou de loi comme une superstition dernière et définir l'évolution du monde comme le devenir sans règle d'apparences incertaines. Mais si la science a son point de départ dans un acte de foi, cet acte de foi est le plus légitime de tous, puisque la seule autorité qu'on puisse lui opposer, l'expérience, le justifie ; et en effet, à mesure que le savoir scientifique progresse, les prévisions de plus en plus précises que nous fondons sur des lois de mieux en mieux connues se vérifient avec une croissante exactitude : d'où il résulte pour tout esprit non prévenu que ces lois ne sont pas illusoires, mais réelles et que la vérité n'est pas un mot vide de sens.

Il ne suffit pas à une culture rationnelle que la signification dernière de la science soit clairement entendue ; il faut encore que soient connues et comprises les vérités ou conjectures vraisemblables qui constituent les réponses du savant aux questions que nul esprit n'élude. C'est une tâche délicate, et qui pourtant n'excéderait pas les ressources d'un vigoureux enseignement primaire, que de mettre à la portée des intelligences les plus humbles les grandes lois ou hypothèses des sciences physiques et morales. Il n'est sûrement pas impossible que tous les civilisés connaissent et comprennent cette admirable hypothèse de la nébuleuse qui fait naître tout notre système planétaire d'une immense masse gazeuse d'abord diffuse, puis graduellement condensée et refroidie, et dont le refroidissement finit par revêtir d'une écorce solide les fragments d'elle-même que la loi de gravitation lui fait abandonner dans l'espace. Il n'est pas moins possible que tous conçoivent l'action des forces naturelles qui explique la formation de la terre, la disposition des couches dont elle se compose, la structure de ses continents et de ses océans. Aucune difficulté insurmontable ne s'oppose, non plus, à ce qu'un individu d'intelligence moyenne se rende compte de la nature de l'être vivant, sache en quoi consiste la division du travail entre ses parties diverses, imagine sous quelles conditions une colonie animale peut se transformer en un organisme complexe et comment des organismes susceptibles de variations lentes ou brusques peuvent réaliser des formes de vie de plus en plus hautes. Humbles ou hautes, les formes vivantes ne durent qu'en s'adaptant à leur milieu; quoi de plus intelligible que cette loi d'adaptation? Et pourquoi le premier venu ne comprendrait-il pas cette nécessité qui oblige les vivants, sous peine de mort, à s'ajuster à leurs conditions d'existence, les oiseaux à l'air, les poissons à l'eau, chaque type animal à son habitat, à son climat, au régime que lui créent les proies à poursuivre ou les ennemis à fuir ?

Si des sciences de la matière et de la vie nous passons aux sciences morales, est-il au-dessus des forces mentales d'un homme ordinaire de se représenter le mode de formation probable des facultés humaines, le développement de la puissance d'attention sous la pression des nécessités sociales, la possibilité pour l'homme attentif de découvrir des rapports de plus en plus délicats entre les choses et de créer avec ces rapports fixés dans le langage des abstractions scientifiques et philosophiques, enfin la façon dont une série de barrières opposées aux instincts primitifs, — institutions politiques, croyances religieuses, coutumes et opinions sociales, organisations juridiques et pénales, — ont conduit l'individu humain à maîtriser dans une certaine mesure ses impulsions antisociales et, pour le plus grand bien des autres et de lui-même, à devenir véritablement un homme?

Et maintenant qu'y a-t-il d'impénétrable dans les grandes lois de conservation sociale et de progrès social que la sociologie formule? Si les naturalistes ont établi que l'empire de la terre appartient, non aux espèces animales physiquement les plus fortes, mais aux espèces les plus sociables et les plus intelligentes, à celles qui suppriment la lutte pour la vie ou la limitent le mieux par l'aide mutuelle, et si les sociologues, contrôlant cette vérité dans l'ordre humain, observent que, toutes choses égales par ailleurs, les sociétés humaines les plus florissantes et qui assurent le plus grand bonheur à leurs membres sont celles que leurs membres servent avec le plus de dévouement et d'intelligence, est-ce une vérité obscure ou sans intérêt que celle qui place ainsi le facteur le plus puissant du progrès dans la sociabilité intelligente, c'est-à-dire dans la moralité même envisagée en son principe? Une autre vérité sociologique que tous devraient savoir et que tous peuvent entendre, c'est que, plus le progrès de la division du travail distingue et sépare les hommes les uns des autres, plus l'intérêt social et individuel exige qu'ils cultivent en eux les sentiments humains qui tendent à les rapprocher malgré leurs différences. Il est également désirable et possible que tous aient présente à l'esprit cette vérité certaine qu'à mesure que les groupes sociaux, État, Église, corporation, famille, encadrent moins étroitement et soutiennent plus faiblement l'individu, il est nécessaire que, d'une façon ou d'une autre, celui-ci acquière une puissance sur lui-même qui supplée à l'insuffisance des disciplines externes. Ces généralisations, et d'autres de la même espèce, sont les plus accessibles à la raison commune ; et cependant il n'est pas de vérités pratiquement plus importantes. A dire vrai, qu'il s'agisse de concevoir les nécessités essentielles de l'organisation sociale ou les lois les plus instructives de la nature, nous n'avons à mettre en œuvre aucune faculté extraordinaire, mais seulement à exercer ce bon sens qu'on rencontre ou qu'on peut faire naître dans la majorité des esprits. Une représentation rationnelle de la nature et de l'homme n'est donc pas le privilège d'une petite élite, et l'on n'a pas le droit d'exclure à priori la grande masse populaire des bénéfices d'une culture largement humaine.

Nous venons d'indiquer brièvement ce que doit s'assimiler aujourd'hui de la science l'homme civilisé, à quelque rang social qu'il appartienne. Mais n'oublions pas qu'il ne tirerait presque aucun profit de ces connaissances s'il n'y joignait certaines méthodes, ou plutôt certaines habitudes intellectuelles sans lesquelles il n'y a pas d'esprit vivant et libre. Il est au moins une pratique à laquelle il doit sévèrement se soumettre, c'est celle que recommandent tous les philosophes, depuis Socrate jusqu'à Stuart Mill et Taine, et qui consiste à ne jamais accueillir une idée sans faire effort pour la tirer au clair. Comme une conception quelconque ne nous est connue que par les mots qui l'expriment, l'esprit inattentif qui n'élucide pas le sens de ces mots risque à chaque moment de tomber dans le psittacisme ou le langage sans pensée. Le danger est visible dans l'ordre des questions philosophiques, religieuses ou même scientifiques, car la pensée y perd aisément de vue le réel pour ne s'attacher qu'aux signes et aux formules, si bien que des historiens de mérite, allemands ou autres, ont pu prendre pour des réalités concrètes ces expressions littéraires : l' « âme d'une race », la « volonté inconsciente d'une nation ». Mais c'est dans le domaine des questions sociales et politiques que le prestige des expressions éloquentes se montre redoutable au plus haut degré. Émancipation, justice, égalité, fraternité, félicité, que de gens emploient chaque jour, sans y attacher une signification précise, ces vocables pleins d'enchantement, et en tirent des conséquences que la raison désavoue ! Il nous faut souvent un véritable courage pour résoudre en idées nettes les phrases où ces mots font éclater leur magie. Qui sait si un examen loyal ne va pas nous obliger à rejeter parmi les ombres vaines des idées apparentes qui, contemplées de loin dans leur beauté verbale, nous éblouissaient? Mais on reste étranger à la vie intellectuelle si l'on n'a pas cette loyauté et ce courage, et si l'on ne s'applique pas à connaître exactement et à fond ce qui se cache d'idées réelles sous les termes dont on se sert.

Il ne suffit pas, d'ailleurs, de posséder des idées précises, car de telles idées peuvent être fausses. Il n'y avait rien d'obscur dans l'antique théorie qui immobilisait la terre au centre du monde, et pourtant la science a condamné cette théorie. Il n'y a rien de nébuleux dans la thèse marxiste qui attribue uniquement les idées et les sentiments sociaux des hommes à leur place de prolétaires ou de capitalistes dans le système de la production économique, et cependant la clarté de cette thèse ne l'empêche pas d'être discutable. Ce n'est donc pas assez que l'analyse nous révèle sous les mots des idées définies ; il est nécessaire encore que nous sachions si ces idées s'accordent avec les choses et, pour cela, il faut que, nous délivrant de tous les préjugés qui peuvent troubler la clarté de notre regard, nous interrogions avec soin l'expérience. Voulez-vous savoir si la thèse de Marx est vraie? Vous vous appliquerez pendant des mois et peut-être pendant des années à noter aussi exactement que possible, d'après les actes et les conversations où ils se révèlent, les croyances et sentiments principaux des bourgeois et des prolétaires que vous pouvez connaître : vous découvrirez peut-être ainsi que ces sentiments et croyances ne diffèrent pas profondément d'une classe à l'autre, et que les mobiles ou les principes qui dressent le prolétariat contre la bourgeoisie s'identifient presque avec ceux qui animent la résistance de la bourgeoisie aux revendications ouvrières; peut-être aussi, en constatant les différences qui recouvrent les ressemblances profondes, les verrez-vous dériver de causes que Marx n'a pas su voir. En toute hypothèse votre jugement final vaudra selon l'étendue et l'exactitude de votre enquête, comme selon l'impartialité avec laquelle vous en aurez interprété les résultats.

Nous savons qu'il y a des réserves à faire sur l'autorité de l'expérience quand il s'agit de déterminer la valeur de certaines idées, et notamment des idées morales qui, au lieu d'exprimer ce qui est, prétendent formuler ce qui doit être. Mais alors même l'expérience n'est pas sans autorité; car, à y regarder de près, la valeur des idées morales se fonde d'abord sur la preuve expérimentale que l'immoralité donne chaque jour de sa déraison et de son impuissance à constituer un ordre de choses durable, puis sur cette donnée d'observation courante que, seuls, les hommes de conscience droite parviennent à équilibrer leur vie et, dans leurs rapports mutuels, résolvent avec aisance mille problèmes insolubles aux volontés mauvaises, enfin sur l'expérience en quelque sorte idéale que l'esprit, en complétant les fragments de réalité morale qu'il observe, se donne à lui-même d'un ordre de choses où la justice serait universellement reconnue et pratiquée. Aucune des démonstrations de Renouvier ne plaide avec autant de force la cause de la morale que les quelques phrases célèbres où il nous fait entrevoir l'immense accroissement de bonheur qui résulterait pour tous du règne généralisé de la justice. Et cette vision, c'est, en fin de compte, l'expérience bien comprise qui la lui suggère. Nous croyons donc qu'un commerce large et profond avec la réalité ne peut jamais être dangereux pour les idées morales, même les plus sublimes.

Nous sommes ainsi préparés à traiter d'une façon précise la question si souvent débattue : quelle est l'influence de la culture intellectuelle sur la conduite? A quel degré le savoir agit-il sur la moralité? Comme il n'est pas rare d'entendre dire autour de nous que cette action est nulle, nous allons mettre en lumière quelques-uns des services moraux de la culture et montrer que le savoir est une condition, et non une condition quelconque, mais une condition essentielle de la conduite réellement droite.

En premier lieu il est visible que les erreurs théoriques entraînent fréquemment des pratiques immorales, qui disparaissent dès que la vérité surgit. Une mauvaise physique, disait un jour Anatole France, produit une mauvaise morale; et, en effet, « si l'on réfléchit sur les misères qui, depuis l'âge des cavernes jusqu'à nos jours encore barbares, ont accablé la malheureuse humanité, on en trouve presque toujours la cause dans une fausse interprétation des phénomènes de la nature ». Lorsque l'homme imagine derrière les phénomènes naturels des agents capricieux, irritables, vindicatifs, il s'impose, pour satisfaire ces dieux cruels, des pratiques odieuses telles que la coutume autrefois universelle des sacrifices humains. Que ne doit pas la morale aux hommes de réflexion qui, en introduisant une notion plus exacte de l'univers physique, ont détruit la raison d'être d'un culte criminel et, par là même, affaibli les sentiments inhumains que ce culte entretenait? Prenons un exemple plus moderne: nos pères n'ont-ils pas vu et ne voyons-nous pas encore les effets fâcheux qu'une biologie inexacte peut produire sur la morale et la moralité? Pendant quelque temps, sous l'influence d'une école de naturalistes, l'idée s'est répandue que les lois de concurrence et de sélection sont les maîtresses souveraines et inflexibles de toute vie, que c'est par elles que le monde progresse, et que par suite il nous faut accepter leur empire, si dure que soit cette résignation à notre cœur. Or, ce darwinisme mal entendu a perverti beaucoup d'esprits faibles et de consciences incertaines; il a fait des assassins, et il fait encore parmi nous de cyniques « lutteurs pour la vie ». Comment les naturalistes récents qui ont réduit la concurrence et la sélection à leur rôle véritable, qui est très secondaire, et montré dans l'association pour la vie le facteur le plus décisif du progrès, n'auraient-ils pas servi la cause du bien en justifiant, sans l'avoir voulu, cette tendance à la coopération pacifique et fraternelle qui coexiste, chez presque tous les hommes, avec la tendance à la lutte et à la domination brutale?

Ainsi le redressement par la science de vues inexactes sur la nature rectifie des erreurs de morale et tend à détruire, en leur ôtant les points d'appui apparents qu'elles trouvaient dans la raison, des formes diverses d'immoralité. Mais la science ne sert pas seulement la cause du bien par les vérités qu'elle apporte, c'est-à-dire par sa matière, elle la sert encore par sa forme ou, en d'autres termes, par les qualités intellectuelles qu'elle exige et qui, appliquées à la conduite habituelle de la vie, deviennent les plus précieuses des vertus. La science nous enseigne le respect du vrai, puisque l'homme ne peut saisir les rapports réels des choses s'il ne fait abstraction de ses désirs propres et des rêves de son imagination pour recueillir docilement la leçon des faits. Elle crée par contre-coup l'habitude moralement si salutaire de juger les choses et les personnes, non sur ce qu'elles paraissent ou sur ce qu'on voudrait qu'elles fussent, mais sur ce qu'elles sont. Elle ne se borne pas à nous inspirer le culte du vrai en général ; par la rigueur de ses méthodes elle nous donne ce goût de la précision dans les actes qui caractérise la conduite hautement honnête. On conçoit difficilement que l'homme qui s'est accoutumé à penser d'une façon exacte et sûre ne manifeste pas quelque chose de cette sûreté et de cette exactitude dans ses actions journalières ; et, en fait, une intelligence exigeante a pour compagne ordinaire une conscience scrupuleuse. D'autre part, les études scientifiques nous obligent à ordonner notre pensée, à établir entre nos représentations simultanées ou successives un lien rationnel : les sciences abstraites ne sont que des chaînes de déductions et les sciences concrètes nous mettent en présence de connexions naturelles, c'est-à-dire de faits qui se déterminent les uns les autres suivant des lois régulières. Or rien n'est plus utile à notre vie morale que de lier rationnellement nos idées ; et en effet, comme l'ont fait voir les plus grands moralistes depuis Platon et les Stoïciens jusqu'à Spencer, la conduite vertueuse n'est-elle pas la conduite la plus cohérente, la plus obstinément fidèle aux mêmes principes à travers la variété et la complication de ses actes ? Et c'est aussi une leçon de morale que l'enchaînement naturel des phénomènes nous donne en éveillant en nous, à l'occasion de chacune de nos initiatives importantes, une vive conscience de notre responsabilité. Si un homme apprend que telle petite quantité de virus introduit dans un organisme le principe d'une série incalculable d'effets morbides qui le tueront au bout d'un temps et qui, après sa mort, atteindront ses descendants, et si cet homme est ainsi conduit à réfléchir sur la loi de continuité naturelle qui prolonge sans fin l'action de chaque force sous des formes souvent très diverses, il est difficile qu'il n'acquière pas un profond sentiment du sérieux de la vie, et qu'il ne comprenne pas la nécessité d'ordonner rigoureusement sa conduite pour éviter les terribles et infaillibles conséquences du mal une fois produit. Ainsi par toutes les habitudes qu'elle nous donne, par le respect du vrai, par le goût de l'exactitude, par le besoin de cohérence, par la disposition à suivre l'action de chaque cause jusque dans ses conséquences les plus lointaines, la culture scientifique est un principe de vie morale.

Mais on découvre un rapport encore plus étroit entre le savoir et la moralité si l'on considère, non plus les sciences en leur ensemble, mais ces sciences particulières qui ont l'homme pour objet. En effet la psychologie et la sociologie ne peuvent nous éclairer sur notre nature et nos conditions d'existence sans nous révéler la bienfaisante nécessité d'une discipline, qui est précisément la discipline morale. D'une part il suffit d'analyser notre nature pour y découvrir le besoin de règles rationnelles sans lesquelles ni notre intelligence ne développerait toute sa force, ni notre volonté ne se constituerait, ni notre sensibilité n'échapperait au conflit douloureux de tendances anarchiques et n'atteindrait, dans la mesure humainement possible, sa fin naturelle, le bonheur. D'autre part il suffit d'étudier les conditions d'existence sociales de l'homme pour se rendre compte qu'il ne peut ajuster sa conduite à ces conditions qu'en pratiquant les règles de justice et de bienfaisance. La vie sociale est une coopération, et une coopération est d'autant plus active, joyeuse et féconde que les coopérateurs se traitent avec une équité plus ferme et une bonté plus éclairée. Ainsi notre nature d'êtres sentants, pensants et voulants exige une discipline morale ; et la sociologie, en étudiant les conditions sous lesquelles prospère toute société humaine, découvre que la même discipline s'impose. S'il est une vérité pratique qui se dégage avec certitude des sciences de l'homme, c'est que la moralité se confond avec la pleine réalisation de la nature humaine : vouloir être moral n'est pas autre chose que vouloir être homme.

On objecte qu'une distance énorme subsiste entre ces vues théoriques sur le bien et la pratique même du bien. Quoi de plus fréquent que la contradiction entre les principes et la conduite? Nous pensons d'une manière et nous agissons de l'autre ; nous voyons distinctement le devoir, et nous le sacrifions au plaisir qui nous tente ; comme le dit M. Paul Janet, nous préférons au plus grand bien conçu le plus grand bien senti. — Le fait est exact, mais n'est peut-être pas exactement interprété. Le plus grand bien conçu auquel nous préférons le plus grand bien senti, le concevons-nous, en réalité, avec clarté et distinction ? S'il succombe dans la lutte, n'est-ce pas presque toujours parce que nous en avons une vue confuse et pauvre, une représentation dont la plupart des éléments ne sont pas appelés à la pleine lumière de la conscience, une idée qui n'est pensée que dans une très faible partie de son contenu ? Les termes de la langue morale n'ont pas plus que d'autres l'avantage d'être toujours compris, même par des gens intelligents. Pour l'avare le plus ingénieux le mot générosité n'a qu'une signification incomplète ou nulle. Le mot amitié n'acquiert pour la plupart des hommes la plénitude de son sens que lorsqu'un grand malheur, en les désabusant des relations banales, leur fait éprouver toute la vertu de quelque amitié vraie. La même remarque s'applique à nos idées de devoirs et de droits : elles n'ont que rarement dans la conscience individuelle leur pleine signification. Le jeune voleur qui va commettre son premier vol peut avoir une notion vague du respect dû à la propriété d'autrui ; si cette notion ne le retient pas, c'est que non seulement il ne conçoit pas avec clarté la force de ce droit et la solidarité rationnelle qui le lie à l'ensemble de ses droits et de ses obligations, mais c'est encore et surtout qu'il ne traduit pas son idée en images et émotions précises, ne se représente pas exactement les souffrances de sa victime, la perte ou la diminution des légitimes espérances de bonheur qu'elle s'est formées, la peine infligée à ceux qui dépendent d'elle, et toute la série des conséquences naturelles du vol. La règle qui interdit de voler autrui n'est qu'une abstraction faiblement efficace pour qui n'a pas imaginé les suites malfaisantes de l'action qu'elle proscrit. Plus généralement les principes de la conduite droite ne sont que des formules verbales à peu près stériles si on n'y découvre sous l'intelligible le sensible, sous l'abstrait le concret, sous la règle froide la vie avec ses souffrances et ses joies. Le plus grand bien de la raison que M. Janet oppose au plus grand bien de la sensibilité n'est conçu, à vrai dire, que s'il est senti ; nul ne possède l'idée du bien universel s'il ne se représente et n'aime ce bien comme une exaltation universelle de la vie humaine et du bonheur humain ; et nul ne conçoit ainsi l'idéal d'une façon complète et vivante sans qu'un tel principe de lumière et de chaleur l'émeuve et le soulève. Ne fût-ce qu'en raison des sentiments qu'il enveloppe, le savoir moral est forcément une cause très active de conduite droite.

Nous venons de dire que le savoir moral n'est pas complet s'il n'enferme une représentation sensible qui réalise idéalement le bien en une infinité de joies concrètes. Ajoutons qu'il n'est pas complet si nous n'identifions pas notre bien propre avec le bien universel, si nous ne mettons pas notre bonheur personnel à vouloir et préparer les conditions de la dignité et du bonheur de tous. Ce qui nous rend heureux ne se distingue pas de ce qui nous libère, et l'activité la plus libre, la plus affranchie des servitudes internes et externes, est l'activité morale. Trop souvent, sous l'influence de doctrines hétéronomiques, on méconnaît cette nature du bien qui est essentiellement liberté, puissance et joie. On dit aux hommes : « il faut faire ceci et ne pas faire cela ; tel acte est ordonné, tel autre défendu ». Mais le bien présenté exclusivement sous la forme d'une contrainte et d'une restriction imposée à la vie ne peut manquer, comme l'avait vu Spinoza, d'être secrètement haï et détesté. Les hommes l'appellent le bien, par habitude, par obéissance machinale à la convention ; mais ils se le représentent sous les traits qui conviennent au mal ; il s'y soumettent par crainte d'être punis s'ils s'y dérobent : sans cette crainte, avec quelle joie ils secoueraient un joug par lequel ils se sentent opprimés ! Quoi d'étonnant qu'à la moralité conçue comme une servitude ils préfèrent le plaisir présent ? Mais que le bien retrouve ses caractères et qu'il nous apparaisse tel qu'il est en réalité, c'est-à-dire comme l'objet le plus intelligible et le plus désirable, comme ce qui satisfait notre raison et les parties proprement humaines de notre sensibilité, alors nous ferons volontairement le bien parce que, l'ayant conçu dans sa vérité, nous l'aimerons plus que le reste. Quand la vérité, disait Leibniz, « demeure sans effet sur l'âme, c'est qu'elle n'a pas été amenée à tout le degré de distinction qu'elle comporte. Malgré les apparences, la vérité est au monde ce qu'il y a de plus fort pourvu que, non contents de la considérer du dehors et de l'appeler de son nom, nous pénétrions dans ses replis et saisissions distinctement la logique et l'harmonie qu'elle porte en elle ».

Il nous reste, pour clore la question, à répondre à l'objection que Rousseau nous oppose au nom de l'expérience : si le savoir influe heureusement sur la moralité, d'où vient que des peuples très peu cultivés offrent le spectacle de mœurs honnêtes et saines, et qu'au contraire le progrès de la civilisation s'accompagne presque toujours du développement de toute sorte de vices ? — L'objection, nous l'avouons, est très sérieuse. Si elle a le tort de n'apercevoir qu'un des aspects de la civilisation et de ne tenir aucun compte des vertus de tolérance et de bienveillance qu'engendre le progrès des lumières, il nous paraît très difficile de la contredire lorsqu'appuyée sur l'histoire, elle dénonce chez des peuples qui se civilisent la décadence des vertus qui supposent une grande énergie morale. Nous contestons d'autant moins la triste corrélation qu'elle nous signale que nous croyons pouvoir l'expliquer sans abandonner aucune de nos affirmations précédentes. La raison, en effet, accomplit deux tâches, l'une négative, l'autre positive : d'une part, elle critique et tend à détruire, au moins partiellement, ce qui est ; de l'autre, elle s'applique, avec les facultés qu'elle prend à son service, à construire ce qui mérite d'être et ce qui, sans doute, sera. Or la plupart des hommes qui ont vécu sous un régime d'ignorance et de compression sont tout à fait préparés à utiliser la première de ces tâches, non la seconde. Quand l'intelligence critique leur dénonce le caractère irrationnel des servitudes qu'ils subissaient, ils le découvrent très vite parce que leur instinct, comprimé par la dureté des disciplines anciennes, se trouve d'accord avec la raison destructrice des novateurs ; mais ce même instinct, désormais mis en défiance contre toute discipline, n'accepte pas ou accepte mal l'œuvre créatrice de la raison, les règles de conduite supérieures par lesquelles elle prétend remplacer les règles discréditées de la tradition. C'est un fait que, le plus souvent, les gens qui abandonnent la foi dans laquelle ils sont nés ne savent pas se faire une foi meilleure, ou, s'ils conçoivent un credo plus rationnel, s'en font une idée si confuse et si faible qu'ils ne parviennent pas à y conformer leur conduite. Il arrive donc, comme le reconnaît loyalement Spencer, que leurs défauts naturels se manifestent plus énergiquement qu'ils ne l'auraient fait sous l'empire de leurs croyances passées ; et de là cette crise visible que subit la moralité de la grande masse humaine lorsque s'affaiblit quelque antique tradition.

Mais cette crise ne résulte aucunement d'un savoir trop étendu, elle n'est l'effet que d'un savoir trop restreint. Si l'humanité qui commence à se civiliser devient moins vertueuse, ce n'est pas par excès, mais par insuffisance de lumières. Peu de science, disait-on autrefois, éloigne de Dieu, et beaucoup de science y ramène ; un savoir superficiel, dirons-nous aujourd'hui, renverse ou ébranle le devoir, un savoir plus profond le rétablit ou le raffermit. Il n'y a donc à chercher de remède aux maux d'une civilisation trop basse encore et trop ignorante que dans l'avènement d'une civilisation plus savante et plus élevée. Et qu'on ne dise pas que cette civilisation supérieure restera hors de la portée du peuple qui travaille : il suffira, pour qu'elle vienne jusqu'à lui, qu'il reçoive une instruction plus sérieuse, que son labeur abrégé augmente ses loisirs et que, sans égard pour les inquiétudes d'un faux libéralisme, on prenne quelques précautions légales contre l'usage dégradant qu'il peut faire de sa liberté accrue. Au surplus, si l'on accorde aux pessimistes que l'élite seule du peuple ouvrier pourra directement profiter de ce progrès de la culture, ne garde-t-on pas le droit de croire que cette élite moralisera par son exemple la masse de ses frères attardés ?

Nous avons essayé d'établir contre les détracteurs du savoir l'action bienfaisante des lumières et de justifier la place très haute qui a toujours été faite à la sagesse dans la hiérarchie des vertus. Il n'en faudrait pas conclure que nous acceptons sans réserve l'intellectualisme socratique et que nous ramenons toutes les vertus à la science. Si nous avons accordé une très grande influence au savoir moral, c'est qu'à nos yeux ce savoir enveloppe une vie active du cœur. Mais nous n'ignorons pas qu'on peut concevoir un homme très instruit et qui ne serait nullement moral, une intelligence simplement curieuse qui se bornerait à contempler les lois de l'univers et à les suivre dans leurs manifestations diverses, sans aucun souci de leurs contre-coups heureux ou malheureux sur la sensibilité et la vie intérieure des hommes. Des intelligences de cette espèce existent, et Taine, qui les a décrites, soutient qu'elles ne sont pas rares parmi les romanciers et les psychologues. Elles éprouvent leur plus profond plaisir à se représenter les passions humaines les plus violentes, à saisir la logique qui les gouverne, à prévoir la série de leurs effets nécessaires, à déterminer la marche fatale qui entraîne vers le meurtre ou le suicide les malheureux dont elles ont fait leurs proies. Si ces psychologues s'émeuvent à la vue d'un trait original d'avarice ou de passion amoureuse ou de fanatisme religieux, c'est à la manière du physiologiste ou du médecin qui tressaille d'aise devant un spécimen rare de maladie ou de monstruosité : dans ce cas singulier l'observateur aperçoit peut-être avec évidence des lois obscurcies par l'effacement des cas ordinaires, et il jouit de cette évidence en ignorant le reste, en oubliant les droits de la pitié. Même les plus humains d'entre nous peuvent connaître de tels moments d'égoïsme intellectuel. Taine était sûrement un homme de cœur, et pourtant, lorsqu'il lisait dans Balzac le portrait de Grandet ou qu'il rencontrait dans la vie un personnage construit sur le même modèle, il s'écriait : oh ! le bel avare ! avec une joie intellectuelle que ne troublait pas l'image des souffrances habituellement engendrées par l'avarice. Il est donc faux d'identifier la contemplation ou la science avec la vertu : il existe des contemplateurs sans moralité, des « intellectuels » dont la froide indifférence à la misère des hommes nous blesse. La vie morale réclame autre chose que du savoir, autre chose que de l'esprit, elle exige certaines dispositions généreuses de l'âme ; elle suppose que nous sommes capables de sympathiser avec le prochain, de jouir de ses joies et de souffrir de ses peines ; elle ne se produit sous la direction du savoir que si, antérieurement à l'action du savoir même, l'homme oriente sa sensibilité vers autrui. Et c'est pourquoi, quelque importance que nous attachions à la culture de l'esprit, nous jugeons plus importante encore la culture du cœur.

On peut soutenir, il est vrai, que la moralité n'a qu'une valeur de moyen et que tout son mérite est de préparer, par la paix qu'elle établit entre les hommes et à l'intérieur de chaque homme, le règne final de la science. Sans admettre avec Socrate que l'homme éclairé et l'homme moral ne font qu'un, Aristote n'estimait-il pas que l'homme doit se moraliser uniquement en vue de s'éclairer ? Comme l'intendant d'une grande maison, disait-il, veille sur tout et règle tout pour que le soin des affaires domestiques n'entrave pas l'activité civique de son maître, les vertus pratiques ont pour but, en comprimant et en tempérant les passions, de procurer à la vertu contemplative le loisir nécessaire à sa fonction divine. Dans le même sens Renan dira qu'il faut maintenir dans le monde la tradition du bien parce que seules les races honnêtes peuvent être des races scientifiques. Accepterons-nous cette forme de l'intellectualisme qui fait de la science, non plus la cause unique, mais la fin suprême de la vertu ?

Il n'est pas besoin de dire que nous accordons à l'intelligence, lorsqu'elle est libre par ailleurs de toute obligation, le droit de se prendre elle-même pour fin et de goûter la joie pure de comprendre ; mais ce que nous jugeons inadmissible c'est que toute la vie morale de l'homme soit orientée vers les satisfactions de l'intelligence et qu'on juge qu'elle leur doit son prix. Et en effet quelle raison invoquera-t-on en faveur de cette primauté de la pensée ? Dira-t-on que l'intelligence l'emporte naturellement sur les autres facultés parce qu'elle est la condition nécessaire de leur exercice ou, plus précisément, qu'elle se subordonne la sensibilité et la volonté parce qu'il n'y a ni désir ni résolution sans une idée obscure ou claire de la chose désirée ou voulue ? L'argument ne serait pas solide, car outre qu'il y a peut-être des émotions et des inclinations inconscientes, c'est-à-dire qui échappent à la condition d'être pensées, l'intelligence pourrait être tout à la fois la forme sous laquelle se produisent nos affections et déterminations et un instrument au service du désir et de la volonté. Nul ne conteste le rôle de moyen joué par l'intelligence dans tout le règne animal : la vie mentale de la bête se subordonne tout entière à ses besoins et ne s'exerce que sous leur influence, sauf peut-être au sommet de l'échelle zoologique, où commencent à se manifester des activités esthétiques et désintéressées. Bien plus, chez l'homme primitif et même chez l'homme civilisé, la pensée se borne, si ce n'est en de très rares moments, à servir la vie et ses besoins. Il n'y a donc aucune raison positive qui justifie la prétention de l'intelligence à s'ériger en valeur suprême et à traiter comme moyens les autres facultés.

Soutiendra-t-on que l'homme n'est nullement tenu de respecter l'ordre naturel des choses et qu'il peut transformer en fin une faculté dont la nature faisait un moyen? Avant l'homme l'intelligence n'était qu'une servante; pourquoi l'homme ne l'élèverait-il pas à la dignité de maîtresse et n'assujettirait-il pas aux fins originales qu'elle se donne les facultés qui d'abord la dominaient? Au surplus, n'a-t-elle pas droit à cette souveraineté puisqu'elle est essentiellement la faculté de contrôle, de discipline et d'ordre, que c'est elle qui règle nos sentiments et qui empêche notre volonté de se dissoudre en un conflit incessant de désirs contraires? — La thèse est spécieuse, mais ne s'impose pas. Il nous est permis de croire, en effet, que la discipline nécessaire exercée par la raison vaut précisément par ses résultats, par la liberté et la puissance qu'elle confère au vouloir, par les caractères d'élévation et de fermeté qu'elle imprime aux sentiments de l'âme, par le bonheur noble qu'elle met dans la vie. On place d'ordinaire la raison d'être du gouvernement politique dans l'intérêt des gouvernés, et l'on affirme que le gouvernement est fait pour les gouvernés, non les gouvernés pour le gouvernement. Si l'idée est juste, de l'aveu de tous, n'est-il pas également légitime de penser que, dans l'ordre psychologique et moral, la faculté normalement directrice a son prix hors d'elle-même et trouve sa fin dernière dans la condition meilleure qu'elle procure aux facultés qu'elle dirige ? De ce point de vue nous nous imposons l'obligation de devenir de plus en plus intelligents et savants afin de devenir de plus en plus généreux et libres : c'est à hausser la vie affective et active de notre être que doit servir surtout le progrès intellectuel. Qu'on le remarque, cette façon de voir est celle du sens commun : l'opinion commune juge la valeur des hommes moins sur leur intelligence que sur leur caractère et leur cœur. Même les hommes engagés dans une profession intellectuelle attachent d'ordinaire plus de prix aux qualités du sentiment et de la volonté qu'aux qualités de l'intelligence, et ce sont celles-là qui, plus souvent que celles-ci, règlent leurs amitiés. Ils accordent sans doute une haute estime à l'intelligence, mais surtout parce qu'ils se rendent compte que, sans intelligence, un homme ne peut être un caractère, au sens le plus élevé du mot. Nous croyons donc qu'après avoir établi les droits et montré la bienfaisance de la raison, nous pouvons sans paradoxe conclure contre l'intellectualisme des grands philosophes que la culture intellectuelle a pour principal mérite de rendre possibles une vie plus profonde du cœur et une vie plus noblement droite de la volonté.

IV. — LA SINCÉRITÉ A L'ÉGARD DE SOI-MÊME.
LA VIE INTÉRIEURE

Nous savons que l'autonomie et la dignité humaines ont pour condition une culture générale qui initie chaque individu aux méthodes essentielles de la pensée droite et lui communique les vérités ou les vues les plus instructives de la science et de la morale sur l'humanité et la nature. A cette condition s'en ajoute une autre : un homme ne peut se gouverner lui-même que s'il connaît, avec les fins et les règles idéales de l'humanité, sa propre nature mentale, qu'il doit soumettre à ces règles et diriger vers ces fins. Celui-là ne s'appartient pas qui ne sait ni l'espèce et la force de ses sentiments divers ni le contenu réel et le sens véritable des croyances qu'il professe. Mais si l'autonomie exige la connaissance de soi, elle impose l'obligation d'être sincère avec soi-même ; car nul ne se connaît s'il n'a le désir ou la volonté de se voir tel qu'il est. Essayons donc de définir le devoir de sincérité intérieure en le considérant dans les différents domaines où il est appelé à porter la lumière.

Il nous faut d'abord être sincères à l'égard de nous-mêmes dans la détermination de nos devoirs. Très souvent les hommes n'agissent mal que parce qu'ils ignorent ou méconnaissent leurs obligations ; et ils les ignorent ou méconnaissent parce qu'ils n'interrogent pas leur conscience avec loyauté. Si tant de femmes riches sacrifient aux plaisirs mondains leurs obligations de mères de famille, c'est qu'elles ne rentrent pas en elles-mêmes pour regarder en face leur condition et leurs devoirs. Si l'on rencontre encore parfois des propriétaires ou des chefs d'industrie qui n'admettent pas que leurs ouvriers ou leurs employés pensent et votent autrement qu'eux, c'est que ces hommes ne se donnent pas la peine de réfléchir à la nature précise de la fonction qu'ils exercent et aux limites obligatoires de l'autorité qu'elle leur confère.

L'homme doit donc être sincère avec lui-même pour discerner ses obligations ; et il doit l'être également pour ne pas modifier de la façon la plus arbitraire, ou même pour ne pas renverser tout à fait la hiérarchie de ses devoirs. Un homme, qui est à la fois père de famille, fonctionnaire, citoyen, membre d'associations multiples, subit, à tous ces titres, des obligations diverses : combien il lui est facile de placer au premier rang dans sa conscience les obligations secondaires ou même contestables dont il s'acquitte avec plaisir ! Prenons un exemple parmi les éducateurs. On ne peut, certes, que louer la conduite de l'instituteur qui, accomplissant très bien sa tâche à l'école et gardant un reste d'énergie disponible emploie ses heures de loisir à éclairer, non plus les enfants, mais les adultes, sur les questions qu'il a étudiées. Mais ne verrait-on pas avec regret des conférences, utiles sans doute, mais non obligatoires, occuper dans sa pensée et dans son activité une place plus importante que les leçons de son enseignement journalier ? Il y a quelques années, nous lisions dans un journal l'éloge d'un instituteur qui joignait au zèle professionnel le plus médiocre le plus ardent zèle politique : il avait heureusement compris, disait-on, que la tâche la plus relevée et la plus urgente du maître d'école n'est pas d'enseigner la lecture, l'écriture et le calcul à quelques douzaines d'enfants indociles ou obtus, mais d'illuminer le cerveau des adultes en dressant pour eux, en face d'une chaire de mensonge, la chaire de vérité ! Ce maître d'école et son admirateur se trompaient gravement, car il est certain que la tâche qu'on se donne librement et par surcroît passe après celle qu'on s'est engagé à remplir et qui est le devoir même ; et l'erreur morale se double ici d'une absurdité, puisque des enfants négligés par leur maître n'acquerront ni les connaissances ni les méthodes nécessaires à l'intelligence des grandes vérités libératrices qu'on veut leur révéler plus tard. Comment expliquer l'aberration de l'instituteur si fâcheusement proposé en exemple, si ce n'est par un défaut de sincérité intérieure ? Cet homme n'avait pas voulu prendre conscience de ses vrais devoirs et consentait à être dupe, pour ne l'avoir pas loyalement examiné, du plaisir vaniteux qui le poussait à étaler devant des auditeurs incultes un savoir sans doute très superficiel et très court. Que conclure d'exemples de cette espèce, sinon que tout homme soucieux de ne pas se tromper sur ses devoirs et d'en respecter l'ordre rationnel doit savoir se recueillir et s'interroger avec probité ?

Nos devoirs se justifient d'ordinaire par certaines croyances religieuses, philosophiques ou scientifiques dont la force et la profondeur mesurent leur autorité. Mais, comme les croyances sincères sont seules efficaces, il nous importe de ne pas confondre ce que nous croyons en apparence avec ce que nous croyons réellement ; et nous n'évitons cette confusion qu'en nous imposant l'habitude d'examiner loyalement notre pensée. Or rien n'est plus rare que cette habitude. Le monde est rempli de gens qui affirment une certaine foi et qui agissent selon la foi exactement contraire. La conduite ordinaire des chrétiens fournit un exemple de cette contradiction qui a beaucoup choqué Stuart Mill. Les disciples du Christ, disait Mill, proclament avec leur maître « que les pauvres, les humbles, tous ceux que le monde maltraite sont bien heureux ; qu'il est plus facile à un chameau de passer par le trou d'une aiguille qu'à un riche d'entrer dans le royaume des cieux ; qu'ils ne doivent pas juger de peur d'être jugés eux-mêmes ; que si quelqu'un prend leur manteau, ils doivent lui donner aussi leur habit ; qu'ils ne doivent pas se soucier du lendemain ; que, pour être parfaits, ils doivent vendre tout ce qu'ils ont et le donner aux pauvres. Ils ne mentent pas quand ils disent qu'ils le croient. Ils le croient comme les hommes croient ce qu'ils ont toujours entendu louer et jamais entendu discuter ». Mais cette croyance, ajoutait Mill, est de celles qui ne vont pas des mots aux choses, et la conduite quotidienne des chrétiens, où se révèlent sans remords visible leur passion de la richesse, leur souci douloureux du lendemain, leur âpreté à défendre leurs droits, manifeste clairement une croyance réelle toute différente : tous leurs actes affirment que la pauvreté est un mal, que l'imprévoyance constitue un vice et que résister au voleur est un devoir. Si ces hommes étaient sincères avec eux-mêmes, ils abandonneraient le christianisme ou reconnaîtraient dans leur credo chrétien une foi toute différente de celle de l'Évangile, et d'une façon ou de l'autre leur vie intérieure, débarrassée de croyances nominales, pourrait acquérir, avec plus de vérité, plus d'harmonie et de beauté.

Une des raisons principales du défaut de sincérité intellectuelle réside dans l'obstination qui attache si souvent l'individu à un credo de jeunesse resté très cher à son cœur et à son imagination, mais devenu peu à peu inconciliable avec les leçons qu'il a reçues de l'expérience et les réflexions qu'elles lui ont suggérées. Une âme vivante s'enrichit et se développe sans cesse; elle découvre, à mesure qu'elle poursuit sa destinée, des points de vue qu'elle ignorait et laisse tomber beaucoup d'illusions qu'elle avait d'abord embrassées comme des vérités. Il est impossible que ce double travail, l'un qui apporte des idées neuves, l'autre qui élimine des idées anciennes, ne modifie pas à la longue sa représentation d'ensemble de la vie et du monde. Très souvent cette modification se borne à élargir et à rectifier sur des points de détail la conviction première, mais parfois elle est plus profonde et constitue une véritable transformation. Or lorsqu'une telle transformation se produit, il faut que l'homme en qui elle s'opère sache la reconnaître et qu'il soit assez sincère avec lui-même pour se dire : « Non, je ne crois plus ce que je croyais autrefois, et je détache de ma conviction actuelle une étiquette qui ne lui convient pas. Que ceux qui m'ont vu porter avec orgueil cette étiquette me raillent comme un esprit inconsistant ou même me flétrissent comme un renégat, il n'importe ; deux choses me sont plus précieuses que le jugement de la multitude, la vérité d'abord, ensuite ma loyauté, l'accord de ma profession de foi publique avec ma pensée vraie. »

L'homme a besoin de sincérité intérieure, non seulement pour se rendre compte de la nature véritable et de la réelle signification de ses croyances, mais aussi pour ne pas se faire illusion sur ses sentiments. La morale ne se contente pas d'exiger de nous la correction de la conduite, elle nous demande de mettre à la source d'une conduite droite des sentiments généreux et nobles. Il en résulte que nous devons soumettre à un examen sincère nos dispositions dominantes et nos sentiments habituels. Or on sait combien l'amour-propre excelle à nous dissimuler le vrai caractère des mobiles qui nous déterminent. En telle occasion où nous croyons obéir au pur sentiment du devoir social, notre motif le plus efficace est le souci de l'opinion, le désir de donner à nos semblables une idée flatteuse de nous-mêmes. Parfois, quand nous pensons que l'amour seul de la vérité nous guide, nous sommes mûs par l'orgueil ou l'intérêt ou quelque appétit bas. Les hommes qui abandonnent une ancienne croyance religieuse expliquent d'ordinaire cet abandon en disant qu'ils répugnent à des affirmations logiquement contradictoires ou scientifiquement fausses, et l'explication est vraie pour plusieurs, mais non pour tous; quelques-uns prouvent par leur façon même de penser et de vivre que ce n'est pas leur intelligence qui souffre de certaines absurdités, mais leurs passions qui ne peuvent tolérer certaines entraves : ce qu'ils appellent une émancipation mentale libère moins leur esprit que leurs sens. En politique chaque parti a ses déclamateurs qui, sous les mots magnifiques dont eux-mêmes sont dupes, cachent des sentiments mesquins et vils. Tel démagogue qui se croyait animé d'une haine unique, celle de l'injustice, en vient très vite à juger acceptable l'ordre de choses contre lequel s'exaltait sa colère si une faveur imprévue de la fortune le fait monter au rang des privilégiés. Tel conservateur qui s'apparaît à lui-même comme le soldat d'une grande cause religieuse se montre à ceux qui l'observent uniquement attaché à sa propriété, à son rang social, à ses plaisirs mondains, à ses satisfactions d'orgueil et de sensualité. Il y a sûrement des hommes dont la vie, à leur insu, n'est qu'un mensonge vivant.

Et la même remarque ne serait pas moins exacte si on l'appliquait, non plus aux sentiments politiques et religieux, mais aux mobiles les plus communs de la conduite privée. Combien nombreux sont les hommes qui se trompent sur leurs goûts et s'attribuent des besoins ou désirs qu'ils n'ont pas, mais qui pour leur monde sont des signes de distinction! Ces hommes n'aiment, ne jouissent ni ne souffrent selon leur nature, mais selon l'idéal que s'est imposé leur imagination servile : c'est la mode qui leur dicte, avec leurs idées, leurs passions et jusqu'au genre d'aventures où ils compromettent leur cœur. A l'époque du romantisme les âmes les plus étrangères à la poésie se donnent des passions romantiques ; aujourd'hui la littérature n'imagine aucune forme de perversité qui ne trouve des imitateurs inattendus. Dans le monde où la fortune crée des loisirs, les pires ravages sont peut-être ceux que causent les goûts factices et les passions artificielles : c'est à l'encontre de leurs inclinations naturelles que très souvent les hommes se dépravent et se rendent misérables. Il est difficile d'imaginer la quantité de désordres et de souffrances qui disparaîtraient si le besoin de se connaître et l'habitude de s'observer sincèrement soi-même devenaient des qualités plus communes.

Indiquons donc d'un peu plus près ce qui donne tant de prix à ces qualités. D'abord la sincérité à l'égard de soi-même est le principe d'une vertu aussi bienfaisante que rare, la modestie. Nous nous heurtons sans cesse dans le monde à des orgueilleux et surtout à des vaniteux que leur admiration illimitée et exclusive pour les mérites ou les avantages qu'ils s'attribuent rend insupportables à tous ceux qui les approchent. En revanche peu de joies égalent celles que procure le commerce d'hommes de valeur modestes : se connaissant eux-mêmes et n'exagérant pas leurs qualités propres, ils rendent naturellement justice à tous les mérites étrangers. Leur vie a l'harmonie simple et la noblesse des existences qui reposent sur le vrai. En un sens, on peut dire que la modestie constitue la moralité tout entière ; et, en effet, où trouver la source la plus profonde du mal moral, si ce n'est dans l'amour-propre orgueilleux qui pousse l'individu à s'élever au-dessus des autres, à se subordonner tout ce qui l'entoure et à se traiter comme s'il était le but et le centre de l'univers ? L'immoralité, a-t-on dit justement, n'est qu'un autre nom du préjugé « ego-centrique » ; et, inversement, la vertu n'est, sous un de ses aspects essentiels, que la ferme attitude de l'homme qui se situe à sa place et s'accommode à son rôle dans un vaste ensemble durable par lequel est soutenue, amplifiée et ennoblie son existence d'un jour.

Certains moralistes modernes goûtent médiocrement la modestie parce qu'ils la jugent peu compatible avec le désir actif de progrès moral, avec l'effort vaillant de l'homme qu'une haute idée de lui-même invite sans cesse à s'améliorer et à se perfectionner. En réalité le grand obstacle à la réforme intérieure et au progrès moral, parce qu'il empêche d'en sentir le besoin, est l'absence de modestie. Höffding a pu dire que le mal, c'est l'inertie qui ne veut pas changer, la lourdeur qui ne veut pas se soulever, l'étroitesse qui ne veut pas s'élargir ; mais il faut dire plus : c'est parce que l'inertie, la lourdeur, l'étroitesse s'ignorent elles-mêmes qu'elles s'opposent à ce qui pourrait les remuer, soulever, élargir. On ne s'applique à devenir meilleur que si l'on se sent imparfait, et l'homme capable de progrès moral est celui qui, ne s'exagérant pas ce qu'il vaut, mais sachant ce qu'il vaut et ce qu'il peut par cela seul qu'il est homme, s'efforce de valoir de plus en plus et d'aller vers le bien jusqu'aux dernières limites de ses facultés. Ainsi la saine modestie, celle qui enveloppe une fierté légitime, n'est pas une puissance d'arrêt et d'immobilité, mais une puissance de vie, de mouvement et d'ascension.

Plus précisément, par cela même qu'elle rend l'homme modeste, la sincérité intérieure est le grand facteur de la purification morale : l'individu normalement doué ne peut prendre une conscience claire et vive de sentiments bas cachés dans sa nature sans réagir contre leur influence et tendre à la surmonter. C'est cette vérité déjà aperçue par Platon et les Stoïciens que M. Maeterlinck exprime avec force dans un de ses livres. En avouant, dit-il, nos arrière-sentiments vulgaires ou méprisables, « nous les désavouons, nous les séparons de nous-mêmes, nous prouvons qu'ils ne nous appartiennent plus, qu'ils ne participent plus de notre vie, qu'ils ne naissent plus de la partie active, volontaire et personnelle de notre force... Supposez Schylock capable de connaître et de confesser son avarice ; il ne serait plus avare, ou son avarice changerait de forme et cesserait d'être odieuse et nuisible ». Si l'on objecte que la sincérité intérieure conduirait peut-être beaucoup de gens à accepter leur égoïsme une fois reconnu à la pleine lumière de leur conscience, nous répondrons qu'un égoïsme qui se connaît vaut mieux qu'un altruisme sans sincérité. L'homme qui se croit généreux, tout en étant égoïste, ne fait aucun effort pour s'élever à la générosité vraie qui lui manque et qu'il s'attribue. Au contraire l'homme qui se sait égoïste s'applique naturellement à connaître les intérêts vrais de son égoïsme, et cette recherche peut ou même doit lui apprendre que le meilleur moyen de bonheur dont il dispose n'est pas de heurter les hommes par des actions brutales et iniques, mais de se concilier leur sympathie en se montrant pour eux bienveillant et juste. Un moment viendra sans doute où, à force de pratiquer la justice et la bienfaisance, il finira, selon une loi que nous avons déjà vue à l'œuvre, par les aimer pour elles-mêmes ; et alors, si l'esprit de système n'a pas altéré sa sincérité, il reconnaîtra qu'un calcul d'intérêts n'est pas le dernier mot de la nature et de la raison, que le principe égoïste bien entendu conseille des manières d'agir qui produisent à la longue un altruisme véritable, le désir d'être utile aux autres sans arrière-pensée personnelle, et qu'ainsi l'égoïsme ne peut dans la vie sociale réaliser les conditions du bien qu'il désire sans se dépasser lui-même et s'opposer un principe qui le limite. Il faut donc désirer que l'égoïste même prenne clairement conscience de ses sentiments et se les définisse avec exactitude puisque, si on le suppose assez dépourvu de générosité pour ne pas souffrir dès l'abord de se reconnaître, la pratique des seules règles sûres de la moralité utilitaire, qui sont les règles de l'honnêteté commune, déterminera en lui une évolution intérieure dont le résultat dernier, franchement reconnu et nettement défini, lui imposera une conception supra-utilitaire de l'existence.

Si la vie intérieure, telle que nous l'avons définie en la rattachant à l'examen sincère de soi-même, rend d'incontestables services à la moralité privée de l'individu, qu'elle oblige à ne s'estimer que selon sa valeur vraie et à faire effort pour s'amender sans cesse, n'apparaît-il pas du même coup, malgré le préjugé contraire de la plupart des sociologues et de presque tous les socialistes, qu'elle ne saurait être socialement indifférente, puisque tout ce qui discipline et grandit l'individu élève et fortifie la société ? Nous avons déjà indiqué que sans modestie on ne peut être juste, c'est-à-dire rendre à chacun ce qui lui est dû, et nous montrerions aisément que cette forme si précieuse de la justice qu'on appelle la tolérance ne fleurit guère que chez les âmes modestes ; mais il n'est pas moins facile et peut-être importe-t-il davantage d'établir que, sans la modestie, la justice n'est pas reconnue là même où elle existe et, par suite, se trouve frappée d'impuissance et de nullité. Supposons qu'un jour l'idéal socialiste se réalise, que l'attribution à la société de tous les instruments de production et de travail abolisse la distinction des pauvres et des riches de naissance et permette à chacun de se faire sa place dans la hiérarchie sociale à la mesure de son intelligence et de son énergie. Cet ordre de choses, envisagé abstraitement et en dehors des difficultés de réalisation qu'il comporte, serait incontestablement juste, s'il est vrai que notre conception de la justice sociale s'exprime dans la formule fameuse : « À chacun selon sa capacité, à chaque capacité selon ses œuvres. » Eh bien ! même dans l'hypothèse d'une société ainsi établie et conformant ses actes à son principe, nous ne serions pas assurés de voir régner la paix sociale. En effet, dans cette société qui soumettrait tous les hommes à la loi d'une concurrence juste, il y aurait toujours, comme aujourd'hui, des vainqueurs et des vaincus. Chacun, sans doute, aurait mérité son sort et les vaincus ne devraient leur défaite qu'à leur infériorité. Pourtant, si les concurrents n'étaient pas modestes, on verrait se produire les mêmes récriminations, ressentiments et conflits qui éclatent dans nos sociétés actuelles. Le vaincu d'une concurrence loyale refusera toujours, s'il estime à un trop haut prix son mérite, de reconnaître la loyauté de la concurrence qui aura déçu ses ambitions ; il reprochera son échec à la sottise ou à la partialité des chefs ou des égaux qui l'auront jugé, et persistera à se croire supérieur au concurrent qu'ils auront élevé au-dessus de lui. En réalité ce n'est pas seulement de ses injustices réelles qu'une société souffre, mais encore de ses injustices apparentes et imaginaires, de celles qui n'existent que dans l'esprit des vaniteux dont elle trompe l'espérance. Aucun arrangement extérieur, si bien combiné qu'il soit, aucun mécanisme de justice sociale, quelque perfection qu'il atteigne, ne peut donc assurer l'harmonie et la paix entre les membres d'une même société. Cette harmonie et cette paix, ce sont les individus eux-mêmes qui peuvent seuls les assurer par leurs bonnes dispositions intérieures et surtout par leur modestie, par leur aptitude à se juger sainement eux-mêmes et à renoncer aux ambitions disproportionnées avec leur mérite réel.

En parlant ainsi, nous nous séparons non seulement de la grande majorité des sociologues, mais encore de la plupart des moralistes laïques de notre temps. L'humanité, observe l'un d'eux, a moins besoin de subjectivité profonde que d'active et précise sociabilité. Et un autre ajoute que c'est la sociabilité précise et active qui suscite la vie subjective intense : « Il ne faut pas dire, écrit-il, faites d'abord des hommes purs et vous ferez des êtres sociaux ; mais, tout au contraire, faites des êtres sociaux et par là même ils deviendront purs et forts. » Ces vigoureuses affirmations, excellentes contre un dilettantisme moral qui n'est que la caricature de la moralité, nous paraissent dès que nous les envisageons en elles-mêmes, tout à fait contestables. Ce qui est vrai, c'est qu'un sentiment intérieur qui ne s'exprime pas en actions positives doit nous être moralement suspect. Si nous avons raison d'admirer Socrate, ce n'est pas parce qu'il a pendant un demi-siècle discouru sur l'Agora, mais parce qu'il a vécu selon les règles définies et justifiées par sa raison et qu'il a offert à ses contemporains le modèle du citoyen, du soldat et de l'homme. Les grands mystiques, tels que Ruysbroeck, ne nous séduisent que parce qu'ils ont toujours voulu subordonner les joies privilégiées de l'extase aux obligations vulgaires, mais impérieuses, de la charité. De nos jours les adeptes de la morale kantienne que nous goûtons le plus ne sont pas les moralistes de cabinet qui ont longuement médité sur la *Critique de la raison pratique*, mais les hommes d'intelligence et de courage qui, ne connaissant peut-être de Kant que quelques formules citées par les manuels, s'efforcent de substituer au salariat le régime coopératif, pour que se réalise dans l'ordre économique l'immortelle maxime : « Chaque homme doit être pour ses semblables, non un moyen, mais une fin. » Le plus noble des sentiments ou le plus élevé des principes trouve dans sa fécondité pratique la mesure la plus certaine de sa sincérité.

Mais si nous ne détachons pas la vie intérieure de l'action sociale, nous croyons également que celle-ci ne peut se passer de celle-là, et même qu'elle la présuppose. Les hommes 'ction sans vie intérieure n'agissent pas, à proprement parler, et ne sont que des hommes de passion ; pour que l'action revête un caractère humain et s'investisse d'une dignité humaine, il faut que la réflexion la justifie en lui fixant un but. Lorsque certains anarchistes ôtent à la pensée réfléchie sa fonction régulatrice et prétendent faire sortir de l'action tout idéal et toute théorie, leur opinion n'a rien qui nous surprenne, puisqu'ils n'attendent le progrès que des impulsions violentes de la foule ; mais en dehors des partisans de l' « action directe » brutalement entendue, tous ne doivent-ils pas avouer que la pensée est faite pour diriger l'action beaucoup plus que pour la suivre et que, si elle se précise au contact du réel, elle ne naît pas tout entière de ce contact ? Le primat de l'action, pris en toute rigueur, livrerait l'empire de la conduite aux réflexes aveugles, et les hommes ne pourraient pratiquer cette prétendue philosophie sans descendre au-dessous des animaux intelligents. Quelle est donc la marche à suivre la plus naturelle en un sens et, surtout, la plus rationnelle ? C'est d'abord de rentrer en nous-mêmes et de nous former un idéal avec les exigences les plus hautes de notre nature éclairées et contenues par les enseignements de l'expérience commune et du savoir scientifique. Nous agirons ensuite pour réaliser cet idéal, et l'action même le compliquera ou le simplifiera, l'enrichira ou l'appauvrira, l'élèvera ou l'abaissera ; mais, née de lui, c'est à lui qu'elle devra de se poursuivre à travers les obstacles et malgré les chutes.

Ajoutons qu'elle lui empruntera sa valeur. En effet les œuvres des actifs et des militants, à quelque catégorie qu'ils appartiennent, produisent des effets d'autant meilleurs qu'elles procèdent d'une vie intérieure plus intense et plus haute. N'est-ce pas ce que reconnaissent parmi nous les plus intelligents des socialistes et des syndicalistes lorsqu'ils se plaignent de la résistance qu'oppose au progrès des organisations ouvrières la grande masse des « inconscients » ? Leur principale ambition n'est-elle pas, comme ils le disent, d'élever tout le peuple qui travaille à la pleine conscience de ses misères, de ses droits, de sa puissance, de ses moyens d'action ? S'ils ont fondé quelque association, ne déclarent-ils pas que, pour qu'elle « marche », il faut des hommes, c'est-à-dire des énergies intelligentes qui, ayant sérieusement réfléchi avant d'agir, persévèrent dans ce qu'elles ont une fois voulu ? Syndiqués, ils recommandent, selon leurs propres termes, « l'examen de conscience syndical » ; coopérateurs, ils réclament l'examen de conscience coopératif. Ils ne cessent de répéter, comme le ferait un Socrate, qu'il faut savoir en quoi le syndicat consiste, qu'on ne doit pas oublier qu'il est par essence, non un groupement d'opinions, mais un groupement d'intérêts ouvriers, et que par suite, il impose à chacun l'obligation souvent très dure de taire dans les discussions communes ses opinions politiques et religieuses pour ne pas faire éclater des conflits qui condamneraient l'association à se diviser et à périr. De même, il n'est pas un coopérateur sérieux qui ne reconnaisse qu'une coopérative ouvrière est une œuvre stérile si ses membres ignorent ce qu'elle signifie et ce qu'elle exige, qu'elle n'a de valeur démocratique que s'ils se tiennent à chaque heure en garde contre l'égoïsme naturel qui les porte à oublier au profit de leurs intérêts privés les intérêts de leur classe, et qu'elle ne possède aucune chance de durée et de succès s'ils ne répriment les sentiments d'envie ou d'indiscipline qui les empêcheraient d'obéir aux chefs librement élus et de respecter les statuts librement adoptés.

Il est certain, d'une part, que la meilleure propagande est un appel incessant à la réflexion, et, de l'autre, que les militants une fois engagés dans une œuvre risquent d'aller presque constamment à l'encontre de l'idéal qu'ils croient poursuivre s'ils n'entretiennent pas en eux un vif sentiment de cet idéal et des obligations qu'il comporte, et s'ils ne savent pas, au cours de la bataille qu'ils livrent, se replier fréquemment sur eux-mêmes, s'interroger avec franchise sur la valeur de leurs actes, reconnaître leurs fautes, s'avouer ce qui leur manque et s'efforcer de l'acquérir. Les chances de succès de tout idéal pratique un peu complexe dépendent de l'aptitude à la réflexion des hommes qui le servent.

La vie intérieure que nous jugeons nécessaire se distingue, on le voit, de la vie intérieure pratiquée par la plupart des mystiques, et l'on n'a pas le droit de faire peser sur celle-là le discrédit, légitime ou non, qui a frappé celle-ci. Il convient d'insister sur ce point; car s'il est une erreur, selon nous, très regrettable parce qu'elle tend à priver d'une de ses conditions essentielles de progrès ou même d'existence une civilisation qui paraît devenir irréligieuse, c'est l'opinion aujourd'hui très commune qui réserve la vie intérieure aux religions positives comme une sorte de monopole, et dénonce en toute libre morale où elle garde sa place une survivance de l'esprit clérical. En fait, à côté de la spiritualité chrétienne et mystique, il en existe une autre, toute laïque et humaine, bien connue de Socrate et des Stoïciens. Et pour qui ne considère que les intérêts de la société terrestre, la seconde a plus de prix que la première : le viril examen de conscience par lequel Marc-Aurèle vieilli et malade s'exhorte à accomplir jusqu'au bout sa tâche d'empereur et d'homme est socialement un meilleur exemple que l'examen de conscience, d'ailleurs très doux et très pénétrant, où le moine de l'Imitation trouve la force de se détacher de tous les biens de la terre et de s'absorber dans l'amour de Dieu et l'attente du ciel. De quelque façon qu'on les juge, on ne doit pas confondre la spiritualité chrétienne et la spiritualité laïque, et celle-ci présente, comme nous allons le voir, des traits originaux et propres, bien faits pour rassurer les partisans timides d'une étroite laïcité.

D'abord la vie intérieure que réclame la morale laïque n'a pas besoin de se fonder sur la conception d'un ordre de choses supérieur à la nature. Elle est naturelle, non en ce sens qu'elle se produirait sans effort et sans peine, mais en ce sens qu'elle ne dépend d'aucune grâce divine et dérive uniquement de l'effort inévitable de réflexion que s'impose tout homme désireux d'ordonner ses facultés et sa conduite. La vie, disaient justement les Stoïciens, est énergie organisatrice, et cette puissance d'organisation, de plus en plus visible à mesure qu'on monte les degrés de l'être, qui ne sont que des degrés de l'ascension vers l'esprit, atteint son plus haut point dans cette prise de possession de l'être par lui-même qui constitue la réflexion humaine, de sorte qu'il y a un parallélisme général entre la hauteur et l'intériorité de la vie. S'il en est ainsi, l'homme suit la nature et ne la contrarie pas lorsqu'il s'efforce de se connaître pour se discipliner et se purifier. En observant avec soin ce qui se passe en lui-même pour y maîtriser ses sentiments irrationnels et toutes les causes de désordre, il réalise sa loi : c'est son bien propre qu'il assure par la vie spirituelle qu'il se donne. La conception chrétienne est toute différente, car elle nous présente la spiritualité non comme un achèvement, mais comme une négation de la nature. Du point de vue chrétien la nature ne va pas vers le bien, elle va vers le mal, ou plutôt elle est le mal même : la suivre, c'est se donner à Satan, non à Dieu. Qu'est-ce donc qui peut nous sauver? Dieu seul convertissant notre cœur par sa grâce, provoquant en nous des émotions et des réflexions toutes nouvelles qui nous rendent sensible le néant des biens d'ici-bas. « Quiconque, disons-nous alors, veut sauver sa vie la perdra, et quiconque veut la perdre pour l'amour de Dieu la sauvera. » Ainsi la vie spirituelle du chrétien procède d'un bouleversement de tout l'être et d'une abolition de la nature première : elle est, à proprement parler, un miracle.

A la différence que nous venons de signaler s'en rattache une autre : la vie intérieure, irrationnelle chez les mystiques, est rationnelle chez les laïques. Toutes les vertus de la spiritualité socratique et stoïcienne sont intelligibles et se justifient. Nous devons vivre purs ou, en d'autres termes, nous devons, sans refuser aux sens les satisfactions nécessaires, ne jamais poursuivre ces satisfactions pour elles-mêmes, parce que notre nature d'hommes nous rend possible et désirable une vie supérieure à celle de la brute. Nous devons être sincères, d'abord parce que la sincérité est la condition de toute coopération confiante et joyeuse, puis, parce que le mensonge, en mettant l'individu en conflit avec lui-même, l'affaiblit et l'avilit. Nous devons être modestes parce que la raison montre à chacun de nous les limites de ses facultés et l'étroitesse de son rôle, en même temps qu'elle lui découvre l'ampleur presque illimitée et le caractère auguste de la civilisation humaine dans laquelle il est compris. Tout au contraire la spiritualité chrétienne se fait gloire d'ignorer les lois de la raison. Il ne suffit pas au chrétien de subordonner la vie des sens à celle de l'esprit, selon le précepte éternel du rationalisme ; il sacrifie la première à la seconde et exalte ce sacrifice comme la folie de la croix. La chair est l'ennemie, il faut la vaincre par une mortification de chaque jour et de chaque heure. Elle nous porte à haïr la souffrance, il faut se plaire à souffrir : « Heureux ceux qui sont dans l'affliction. » De même la spiritualité chrétienne ne se contente pas de la modestie, vertu simplement rationnelle, elle exige l'humilité, l'aveu que nous ne sommes pas seulement bornés et faibles, mais que notre nature est corrompue et vile, donc incapable d'aucune action bonne sans le secours de Dieu. Et justement parce qu'elle n'a pas un caractère rationnel, la vie intérieure du mystique manque de sécurité : le chrétien vit dans l'angoisse et le tremblement, n'étant jamais certain de paraître pur au regard du Maître qui sonde les reins et les cœurs. Ce caractère tragique de la spiritualité chrétienne a sa beauté et même sa sublimité, on ne contestera pas qu'il ne soit propre au christianisme et que la vie intérieure puisse se concevoir sans la vision d'un au delà redoutable enfanté par l'imagination et non par la raison.

Enfin un troisième trait distingue la spiritualité laïque de la spiritualité chrétienne. Ce qui préoccupe le chrétien, c'est moins la pensée du salut social que celle de son salut spirituel : il se purifie pour mériter d'être élu par Dieu. « Que tu es insensé et vain, se dit le moine de l'Imitation, si tu désires quelque chose en dehors de Jésus !... Mon Dieu est tout : cette parole est assez pour qui comprend, et la répéter souvent est doux pour qui aime. » Ce moine n'est sûrement pas un égoïste, il a chassé de son cœur tout désir propre et confondu sa volonté avec celle de l'être divin qu'il aime ; mais l'amour qui a envahi tout son être l'a si bien détaché du monde que l'avenir terrestre de ses semblables ne lui inspire aucun souci. Vivant déjà par le cœur et l'esprit dans la cité éternelle de Dieu, il traverse en étranger la cité périssable des hommes, où ne lui accorde que la partie la plus superficielle de sa pensée et de sa vie. Certes, si le mystique a pour but ultime le salut de son âme, le laïque peut aussi orienter sa vie intérieure vers une fin personnelle, s'appliquer au perfectionnement de son être spirituel. « O mon âme, se dit Marc-Aurèle, embellis-toi de simplicité, de pudeur, d'indifférence à tout ce qui n'est pas le vrai et le bien. » Puisque l'homme possède une dignité propre, que sans doute il n'acquerrait pas en dehors de la vie sociale, mais à laquelle il attribue une valeur indépendante de la société et de ses fins, il est naturel et légitime qu'une partie des réflexions qu'il fait sur lui-même tende à maintenir ou accroître cette dignité. Mais ce n'est pas surtout en vue de perfectionner son âme que le laïque surveille ses facultés, ses croyances, ses sentiments, ses actes, c'est pour mieux servir la société et les grandes fins qu'elle poursuit. Le disciple de Socrate et des Stoïciens s'interroge le plus souvent pour savoir comment, sous quelles conditions, par quels efforts réglés il remplira le mieux sa tâche d'être sociable ; et lorsque, examinant sa conduite passée, il se « cite à son propre tribunal », selon l'expression de Sénèque, la question que d'abord il se pose est la suivante : « As-tu fait pour les autres ce qu'ils devaient attendre de toi ? » La vie intérieure du laïque poursuit donc en premier lieu des fins sociales et secondairement des fins personnelles, alors que le mystique donne pour objet presque exclusif à ses méditations intimes son propre salut spirituel.

Puisqu'il existe une vie intérieure qui par son origine naturelle, par son caractère rationnel et par ses fins essentiellement sociales, se distingue si nettement de la vie intérieure des mystiques, concluons que les éducateurs laïques doivent sans hésiter faire sa part légitime à une forme d'activité morale sans laquelle la vie individuelle, tout entière hors de soi, perd sa noblesse, et sans laquelle aussi les œuvres sociales avortent ou ne produisent que des résultats médiocres, des changements sans profondeur et sans véritable valeur humaine.

V. — LA TEMPÉRANCE

L'individu humain qui s'applique à se gouverner lui-même et à s'éclairer exerce forcément sur sa nature sensible cette sorte de contrainte qu'on appelle la tempérance. Nous gouverner, c'est nous opposer au désordre naturel de nos tendances diverses qui aspirent aveuglément à se satisfaire et les soumettre à une loi rationnelle qui, limitant leurs exigences respectives, les violente à quelque degré. De même notre intelligence ne s'éclaire ni ne se fortifie si nous ne savons la plier à des exercices souvent très difficiles, parfois tout à fait contraires à ses goûts instinctifs et à son allure naturelle. On découvrirait aisément dans les vertus sociales une semblable contrainte : pour pratiquer la justice et la bienfaisance rationnelle, ne faut-il pas que l'individu modère et contienne ses sentiments égoïstes et même, en beaucoup de cas, ses sentiments de sympathie ? Renoncer à la tempérance serait donc renoncer à la morale.

Les sophistes anciens et modernes l'ont très bien compris. Platon nous apprend que les sophistes Calliclès et Thrasymaque, auxquels s'attaquait la dialectique de son maître Socrate, identifiaient la moralité et la tempérance pour les repousser l'une et l'autre ; et nous retrouvons aujourd'hui cette double négation dans les pages les plus célèbres de Nietzsche. L'homme vraiment libre et heureux, disaient Thrasymaque et Calliclès, n'est pas l'individu faible et timide que sa débilité contraint à se priver de satisfactions de toute sorte, mais l'homme assez énergique et puissant pour lâcher bride à toutes ses passions et contenter toutes ses fantaisies. Que veulent, dit à son tour Nietzsche, et que doivent vouloir les hommes ? Une seule chose : vivre de la vie la plus intense. Toute conduite saine obéit à « l'instinct de vie », et rien n'est plus méprisable ni, au fond, plus chimérique qu'une morale qui, de parti pris, se dirige contre cet instinct nécessaire et bienfaisant. La conception triste de la vertu qu'ont cherché à populariser les moralistes n'est que le produit d'une superstition primitive : l'homme sauvage ou barbare a imaginé des dieux jaloux et cru s'assurer leur sympathie en s'imposant des souffrances, en se diminuant, en s'abaissant. Supprimez par hypothèse la peur que le monde surnaturel lui inspire, jamais l'homme ne se ferait un devoir de combattre ses désirs et de se refuser la joie. Ainsi, déclare Nietzsche, c'est une grossière illusion religieuse qui a introduit dans le monde « la notion de l'homme moral et craignant Dieu », notion manifestement absurde au point de vue même de l'intérêt social dont elle se réclame, si l'on songe qu'elle prescrit à l'individu de s'appauvrir et de s'affaiblir pour devenir utile aux autres, de tarir en lui les sources de force pour agir plus efficacement. La vérité est aux antipodes de cette morale contradictoire : le bien consiste pour chacun à déployer sans entrave sa nature, et la seule vie digne d'être proposée en modèle est la vie luxuriante, intempérante, « tropicale ».

Si telle est la pensée maîtresse de la philosophie inconsistante de Nietzsche, il nous semble qu'elle offre une part de vérité, mais qui n'est pas neuve, et une part d'originalité, mais qui ne répond à aucune idée vraie. Nous accordons à Nietzsche qu'il existe une discipline morale toute superstitieuse, condamnée à disparaître avec les formes vieillies de la pensée théologique, nous voulons dire cette espèce d'ascétisme qui ne se justifie par la poursuite d'aucun progrès individuel ou social. Aux yeux de la raison, l'homme ne doit se contraindre ni se restreindre que si cet effort contre sa nature lui est nécessaire pour rendre possible chez lui-même ou chez ses semblables une vie plus haute et plus humainement heureuse. Tout sacrifice accompli pour plaire à Dieu, avec la conviction que Dieu goûte chez ses créatures des souffrances volontairement subies sans motif intelligible et par dévotion tremblante d'esclave, constitue une monstruosité à la fois religieuse et morale; car c'est dégrader Dieu que de supposer qu'il jouit de souffrances inutiles, et c'est se dégrader soi-même que de se faire une morale de la peur. Mais précisément cette morale servile n'a jamais été condamnée plus sévèrement que par les moralistes classiques, depuis Platon et Aristote jusqu'à Spinoza et Spencer. Platon ne montre-t-il pas que, si la moralité ordonne les facultés selon une hiérarchie rationnelle, c'est pour nous assurer une vie saine, forte, libre et heureuse? Aristote n'établit-il pas que l'homme vertueux est celui qui développe pleinement toutes ses facultés humaines et qui s'adjuge, avec les biens de la vertu, « les choses les plus belles et les meilleures ? » Spinoza ne démontre-t-il pas que la tristesse, marquant le passage à une perfection moindre, ne saurait jamais être jugée bonne, et que le sage se soumet aux obligations communes non par crainte, mais par raison, cette obéissance lui apparaissant comme la condition certaine de son bonheur? Spencer ne compare-t-il pas l'autorité de la vraie morale à celle d'un père intelligemment bon qui, tout en maintenant les défenses nécessaires au bien-être de ses enfants, « non seulement ne leur dicte aucune défense inutile, mais encore donne sa sanction à tous leurs plaisirs légitimes et pourvoit au moyen de les leur procurer ? » Nous avons omis Kant et son rigide impératif catégorique ; mais Kant lui-même, s'il est un rigoriste, n'est pas un ascète, au sens religieux du mot, et sa *Religion dans les limites de la raison* accable sans pitié la morale bassement dévote qui s'impose des expiations, des mortifications, des pèlerinages pour compenser l'absence d'une forte vie intérieure et d'une réforme morale active par les marques d'une docilité aveugle aux ordres supposés de Dieu.

Nietzsche s'accorde donc avec les moralistes et les

philosophes de tous les temps lorsqu'il critique les formes irrationnelles de la contrainte que l'homme peut exercer sur lui-même. En revanche, il a contre lui les philosophes et le sens commun lorsqu'il condamne en général et absolument la contrainte sur soi. S'abandonner à ses instincts et vouloir ressembler à une forêt du tropique, ce n'est pas servir la vie, la fortifier et l'élever, mais la compromettre et tendre à la détruire ou, du moins, à l'abaisser. Toutes les qualités que Nietzsche admire ont sans doute leurs germes dans notre nature, mais elles n'acquièrent leur pleine vigueur que si une défensive vigilante les protège contre les inclinations hostiles qui tendent à les étouffer. Le courage et même l'égoïsme vigoureux et ferme ne sont pas des produits naturels : chaque fois que nous rencontrons à l'état commun chez un peuple, le Romain antique ou l'Anglais moderne, une robuste volonté de puissance, elle se montre à nous comme l'effet d'une éducation systématique et d'une discipline séculaire. Ce n'est qu'en corrigeant sa nature que l'homme revêt sa vie de beauté. On sait que, selon Darwin, un instinct parfait comme celui de nos abeilles domestiques résulte de la correction et de la complication graduelles d'instincts plus élémentaires et plus grossiers. L'humanité se trouve avec ses facultés propres dans les conditions où se sont trouvées sans doute beaucoup d'espèces animales : pour se donner une vie forte et belle, elle doit, non pas s'accepter telle qu'elle est, mais se refaire dans une large mesure et, en un sens, se créer. Cette sorte de création de soi s'impose à chacun de nous : puisque l'homme idéal que notre raison conçoit et qu'à nos meilleurs moments nous désirons être n'existe pas tout fait, il faut que laborieusement, douloureusement, par mille violences infligées à ce qui le contrarie, il s'appelle et se produise à l'existence. Et c'est ce que reconnaît Nietzsche lui-même lorsque son romantisme exaspéré cesse de lui masquer la lumière des vérités évidentes. « Les instincts, écrit-il, se contredisent, se gênent et se détruisent réciproquement. La raison de l'éducation exigerait que, sous une contrainte de fer, un de ces systèmes d'instincts au moins fût paralysé pour permettre à un autre de manifester sa force, de devenir vigoureux, de devenir maître. Le contraire a lieu; la prétention à l'indépendance, au développement libre, au laisser-aller, est soulevée avec le plus de chaleur précisément par ceux pour qui aucune bride ne serait assez sévère. »

Nietzsche prétendra-t-il que cette contrainte interne ne convient qu'aux inférieurs, aux médiocres, aux hommes qui naissent avec un tempérament d'esclaves? Nous répondrons qu'elle ne convient pas moins aux privilégiés de la nature, car plus sont riches et fortes les facultés d'un individu, plus il lui est ordinairement difficile et utile de les régler. Combien d'écrivains de génie ont gâté une grande partie de leurs œuvres parce que, une fois en possession de la gloire, ils se sont laissé corrompre par l'admiration universelle et n'ont plus surveillé et réprimé leurs défauts. Les hommes qui passent pour les plus rebelles à la règle, les grands artistes, justifient presque toujours par les succès ou les défaillances de leur production le devoir qui s'impose à l'individu le mieux doué de se tenir constamment en bride. D'autre part, l'histoire des grands savants nous enseigne qu'ils doivent leurs découvertes à une discipline mentale généralement très dure qui repousse ou, sans l'écarter tout à fait, relègue au second plan ce qui pourrait les distraire de leur œuvre. De même que le mystique s'oblige à imaginer constamment et avec précision le monde idéal, si bien qu'il finit par le croire plus réel que le monde sensible ou même par le croire seul réel, l'homme de science s'arrache aux impressions et aux soucis ordinaires des hommes pour chercher les lois et les causes, jusqu'à ce qu'enfin son effort assure dans sa conscience la suprématie de la vie scientifique et fasse tomber la vie pratique presque au rang d'une illusion. « Il nous faut, disait Curie, manger, boire, dormir, paresser, aimer, c'est-à-dire toucher aux choses les plus douces de la vie et pourtant ne pas succomber ; il faut qu'en faisant tout cela, les pensées antinaturelles auxquelles on s'est voué restent dominantes et continuent leur cours, impassibles dans notre tête. Il faut faire de la vie un rêve et du rêve une réalité. » Ainsi c'est par une sorte de transposition mentale, nécessairement pénible puisqu'elle est « antinaturelle », que le savant se donne l'état d'esprit qui prépare les grandes découvertes. Mais si, dans tous les domaines, l'homme qui veut faire une grande œuvre est tenu de modérer ou de comprimer certaines tendances de sa nature, c'est donc qu'à côté d'un ascétisme irrationnel, discrédité longtemps avant Nietzsche, il existe un ascétisme rationnel, aussi durable que la civilisation. Et cet ascétisme se définit justement comme une vertu chaque fois que l'individu le pratique par souci fier de sa dignité propre ou par souci généreux d'une fin socialement utile.

La discussion précédente précise, en la justifiant, la notion de tempérance. Nous n'appelons pas tempérance cette disposition d'âme qui proscrit le plaisir et le confond avec le mal. Selon nous, comme selon le sens commun, la vie sensible est un bien incomplet, mais un bien. Envisagés en eux-mêmes, tous les plaisirs sont légitimes, et pour qu'une jouissance se justifie, il suffit qu'on ne puisse signaler aucune raison précise qui positivement la condamne. Les plaisirs ne deviennent mauvais que dans un système de relations qui les oppose les uns aux autres, ou qui oppose aux uns et aux autres les exigences intelligibles d'une activité spécifiquement morale. Nous distinguons donc la tempérance, qui est une vertu, de la morale de l'abstinence qui est une folie. Nous refusons même de confondre avec cette morale l'ascétisme, qui n'est que la forme extrême de la tempérance ou, plutôt, qui n'est que la tempérance systématique et inflexible. En fait, aucune des doctrines ascétiques qui comptent dans l'histoire n'a condamné toute joie. L'ascétisme chrétien, qui passe pour proscrire le bonheur, se borne à proscrire les jouissances sensuelles afin de mieux assurer des satisfactions plus hautes, les joies spirituelles. S'il a tort de croire la suppression des unes nécessaire au plein développement des autres, ce qu'il poursuit, en fin de compte, c'est un accroissement de vie et de joie. Il commet une erreur de méthode, non de principe. Et même cette erreur de méthode n'est pas complète, puisqu'une morale fondée sur la science nous demande, en plus d'un cas, non de modérer seulement, mais de supprimer des portions entières de notre vie sensible, des habitudes et des goûts qui mettent en péril ce que notre nature a de plus élevé. Le christianisme ascétique ne se trompe que lorsqu'il érige en règle ce qui doit être l'exception. La tempérance vraie sacrifie par exception et, normalement, subordonne le sensible au moral ou, comme on disait autrefois, le corps à l'âme. Sans haïr le corps, elle n'hésite jamais à le faire souffrir quand les besoins réels de l'esprit l'exigent, et ce parti pris de ne jamais s'épargner la souffrance même la plus cruelle, dès qu'on l'a reconnue moralement utile, constitue l'affirmation essentielle de l'ascétisme.

Ainsi défini, l'ascétisme échappe au reproche qu'on lui fait d'ordinaire de créer la hantise du péché, l'obsession du plaisir impur. Nous ne savons s'il produit parfois cet effet chez les mystiques ; nous croyons que, même chez les mystiques, il rencontre plus souvent qu'il n'engendre le mal qu'on lui impute. C'est rarement lui ou mieux, ce n'est jamais lui, quand il est sincère, qui ramène devant l'imagination de l'ascète les objets dont son âme subit et déteste le charme : il ne s'emploie qu'à lutter contre eux en les avilissant.

Lorsqu'on lui reproche cette action avilissante, on ne voit pas qu'une telle action est souvent nécessaire, en dehors même de tout point de vue religieux. Chaque fois que deux principes, l'un supérieur, l'autre inférieur, sont en présence et en conflit, et qu'ils exercent sur l'âme une influence à peu près égale, le premier ne peut l'emporter sur le second qu'à condition de lui ôter de la force en le dégradant. Il arrive que des ouvriers qu'une participation sérieuse à quelque œuvre sociale a guéris de l'alcoolisme ne parlent plus qu'avec mépris du plaisir de l'ivrogne : du haut de leur idéal nouveau, ils flétrissent les jouissances qu'ils ont trop goûtées autrefois, et cette flétrissure même les aide à se préserver des rechutes. Ainsi l'ascétisme rationnel, par les aversions et les dégoûts justifiés qu'il inspire, est un principe de santé morale.

Nous le verrons plus clairement si nous passons en revue quelques-unes des circonstances habituelles où nous devons faire effort pour modérer ou comprimer nos désirs. Les tendances qui menacent le plus notre vie morale sont les inclinations égoïstes ; et c'est à celles-là d'abord que la tempérance nous interdit de nous abandonner. Quelques-uns la réduiraient même volontiers à lutter contre les plus basses de ces inclinations et accorderaient le nom de tempérant à tout homme qui n'est pas ivrogne. Nous ne tiendrons pas compte d'une interprétation aussi visiblement étroite et nous nous abstiendrons de parler de l'alcoolisme, car tous les éducateurs savent à quel point il est malfaisant pour l'individu, la famille et la société. Ils doivent surtout se persuader que ce vice aussi funeste que répugnant n'est, dans les pays qu'il ravage, qu'un symptôme d'un mal très profond, un signe de l'affaissement général des énergies, une conséquence de la lâcheté commune qui fait que de moins en moins les hommes luttent contre leurs désirs et résistent aux tentations. Chez trop de gens, l'appétit de jouir, à quelque fin qu'il s'attache, ne supporte aucune entrave : les uns veulent des sensations grossièrement sensuelles, d'autres des plaisirs de vanité, d'autres encore des satisfactions de luxe, mais c'est également avec une avidité sans mesure qu'ils poursuivent l'objet de leur désir.

Prenons pour exemple la passion du luxe. Sans être un produit de la civilisation, puisqu'on rencontre chez les sauvages le goût des colifichets et des parures vaines, et sans être propre aux riches, puisque très souvent, dans nos villes, le café et le concert dévorent une grande partie du budget ouvrier, la passion du luxe se développe avec la civilisation, qui livre aux hommes quantité de produits dont leurs ancêtres se passaient, et elle sévit surtout dans la classe aisée qui, n'ayant pas le souci du nécessaire, peut plus facilement sacrifier l'utile à l'inutile, ou ce qui est le plus utile à ce qui l'est le moins. Elle a sa source essentielle dans le désir immodéré de paraître et dans la croyance que c'est seulement par des manières de vivre impraticables au vulgaire, et par la possession d'objets coûteux et rares, que l'homme s'élève au-dessus de la destinée commune et mérite d'attirer sur lui les regards. « J'aime mieux faire envie que faire pitié », telle est la maxime banale et sotte de ces ambitions mesquines et la cause de tant d'existences nullement enviables, mais réellement pitoyables. Combien de femmes s'imposent et imposent aux leurs une vie de privations et de misère pour s'entourer d'un luxe qui provoquera la jalousie et, plus souvent, l'ironie méprisante des amies et connaissances! Comme le montre très bien M. Marcel Prévost dans ses *Lettres à Françoise*, les femmes de condition modeste qui s'engagent dans la cour e au luxe moderne se condamnent à rogner sur le budget de la table, du service, des enfants même, pour payer les frais de laborieuses toilettes, contrefaçons du luxe que le luxe vrai humiliera. Vainement elles recommencent sans cesse leur effort, il les conduit infailliblement à de nouvelles déceptions. « La catastrophe de l'honnêteté, que le romancier met d'ordinaire au bout de pareilles destinées, ne s'accomplit pas toujours. Mais la vie n'en demeure pas moins à la fois tragique et méprisable. » Si ces femmes étaient capables de réfléchir et de se maîtriser, elles s'épargneraient certainement de grandes souffrances, peut-être de grandes fautes, et assureraient à leur vie cette dignité que leur passion lui enlève.

La tempérance n'a pas pour tâche unique de modérer les inclinations égoïstes; elle doit également soumettre aux lois de la raison les inclinations altruistes. C'est, en effet, une vérité évidente que l'amour même d'autrui a besoin, comme l'amour de soi, d'être discipliné et réglé. Aucun homme cultivé ne conteste plus que la charité irréfléchie et aveugle engendre plus de souffrances qu'elle n'en supprime et aggrave le mal même qu'elle voulait détruire. Mais ce n'est pas la charité seule, ce sont tous nos sentiments altruistes qui réclament une surveillance étroite. N'a-t-on pas remarqué de tout temps, que l'amitié est capable des pires égarements et des plus graves injustices ? « Que je ne siège jamais sur un tribunal, disait Thémistocle, si mes amis ne doivent gagner à ma présence ! » Aujourd'hui comme autrefois les hommes cèdent trop facilement à la tentation de secourir ou de protéger leurs amis aux dépens de la justice. Presque tous les passe-droits qui, dans nos sociétés démocratiques, bouleversent la distribution normale des emplois et dignités et démoralisent les hommes ont leur origine dans des sympathies particulières qui ne se souviennent ni de l'intérêt public ni de l'équité. Le désordre le plus grave, parfois le plus mortel pour un régime politique d'ailleurs libéral, est l'œuvre de camaraderies faciles exploitant le pouvoir au profit de sentiments qui ne sont pas entièrement, ni même essentiellement égoïstes, mais qui, satisfaits sans réflexion, deviennent antisociaux. Qui n'a connu des hommes politiques très aimables dont la bienveillance avait commis des fautes égales à des crimes ? Et il n'est pas besoin de rappeler que l'habitude d'obéir sans réflexion au sentiment n'offre pas moins de dangers dans la famille que dans l'État: la corruption précoce d'un grand nombre d'adolescents n'est due qu'à la faiblesse de parents qui ne savent pas maîtriser leur affection et imposer à l'enfant les règles de conduite nécessaires à son bonheur futur.

Aux méfaits de l'amitié aveugle et de l'affection paternelle imprévoyante s'ajoutent ceux de l'amour proprement dit. Lorsque la raison ne le règle pas, l'amour est ce tyran furieux dont le sage Céphale, dans la République de Platon, se félicite de ne plus subir la domination et la brutalité. Altruiste à l'égard d'un seul, il crée à l'égard du reste l'attitude du plus monstrueux égoïsme. Détachant l'homme de l'humanité, il lui fait oublier ses devoirs sociaux ou les lui laisse voir si ternes et si incolores qu'ils perdent sur sa volonté l'empire auquel ils ont droit. L'amour n'acquiert une valeur esthétique et morale que s'il devient, selon l'expression de Platon, « intelligible », c'est-à-dire s'il se pénètre de pensée, s'attribue une fin sociale ou même universelle et, au lieu de rétrécir le cœur, l'ouvre sans limites et le met en communication avec toutes les forces aimantes qui sont dans l'humanité et la nature. Nous avions donc raison de dire qu'il n'est pas un sentiment altruiste dont la tempérance ne doive modifier l'intensité primitive ou la direction naturelle.

La tempérance a un dernier rôle à remplir ; elle doit discipliner nos sentiments supérieurs, ceux qui ont pour objet le vrai et le bien. En effet l'aspiration vers l'idéal peut produire elle-même une forme de l'intempérance, lorsqu'elle ne tient aucun compte des nécessités psychologiques, sociales, historiques qui retardent toujours et limitent, à chaque moment, la réalisation de l'idéal. Il existe dans le monde, comme le disait Aristote, une matière rebelle à la raison, des puissances brutes qui ne se prêtent pas d'elles-mêmes à recevoir la forme de la perfection et qui ressemblent à des esclaves indisciplinés. On les rencontre à la fois dans la nature et dans l'homme : dans la nature, elles sont ces forces mécaniques dont on ne sait quel but elles poursuivent ni si elles poursuivent un but ; dans l'humanité, elles sont ces forces passionnelles profondes dont les manifestations déréglées et le plus souvent imprévisibles déconcertent les plus beaux desseins. Ce sont elles qui imposent au progrès humain la lenteur nécessaire que méconnaît trop aisément l'idéaliste passionné. Le partisan de l'absolu n'a pas plutôt conçu l'idée d'un ordre social juste qu'il en exige la réalisation ; la loi simple de sa pensée veut devenir immédiatement la règle souveraine des choses. Mais, en raison même de leur structure, les choses humaines n'obéissent pas à une direction simple ; la marche qu'elles suivent est un rythme extrêmement complexe, résultat d'une infinité d'actions et de réactions diverses qui se passent dans les individus et les groupes, et dont Spencer a pu comparer l'ensemble à la houle de l'Océan, « qui porte à sa surface de grandes lames, hachées de vagues moyennes, couvertes elles-mêmes de petites vagues, à leur tour froncées de rides ». Connaissant ce jeu compliqué des forces petites ou grandes, mais généralement obscures, q sont les principales ouvrières de l'histoire, l'homme réfléchi modère, sinon sa passion du bien, au moins les exigences de sa passion et se garde de croire naïvement à l'avènement prochain de l'ordre meilleur qu'il appelle de tous ses vœux. Ses pensées de philosophe tempèrent ses impatiences de philanthrope, et, dans l'ardeur de l'action, il n'oublie pas que le règne de la justice ne se réalise ni en un jour ni en un siècle, que toute réforme sociale est presque stérile sans la réforme des caractères, et que cette réforme intérieure, lorsqu'elle s'opère dans une grande masse d'hommes, s'y accomplit avec une lenteur variable, mais inévitable. Il s'épargne ainsi beaucoup de colères inutiles ou nuisibles à son œuvre sans rien perdre de sa foi et de son énergie.

L'amour du vrai appelle les mêmes réflexions que l'amour du bien ; car la vérité ne peut pas plus que la justice conquérir le monde du premier coup. L'homme instruit est souvent choqué par les croyances fausses ou mêmes absurdes qui d'ordinaire ont crédit auprès de la multitude ; parfois il se sent tenté de leur faire une guerre sans ménagement ni pitié. La tentation est d'autant plus forte qu'il a pu souffrir personnellement de l'orgueil et de l'intolérance de l'erreur. Peut-être s'est-il vu traiter d'impie parce qu'il répugne à concevoir le principe suprême des choses comme un roi jaloux, capricieux et terrible ; peut-être a-t-il subi le reproche d'immoralité parce qu'il conçoit la vertu, non comme l'obéissance d'un valet qui attend son salaire, mais comme la liberté d'un homme que sa raison seule gouverne; peut-être l'a-t-on accusé de nourrir des idées subversives et des sentiments d'anarchiste parce qu'il lui est arrivé de dire que toute autorité, sociale ou politique, est mauvaise en elle-même, que ce mal, s'il est nécessaire, doit être progressivement réduit, et qu'il faut aider la marche de l'humanité vers un ordre de choses où elle ne connaîtra plus la distinction des classes sociales et ne subira plus qu'un minimum de gouvernement. Mais si le dogmatisme insolent de l'erreur lui inspire par moments une colère qui n'est ni sans générosité ni sans noblesse, il ne tarde pas à retrouver une attitude plus rationnelle et plus calme en songeant que des croyances fausses peuvent renfermer quelque portion de vérité et que, même si elles sont radicalement illusoires, elles peuvent offrir quelque utilité à la multitude qui les adopte et s'y est adaptée. Il se rappelle que des religions foncièrement superstitieuses n'ont pas diminué la vigueur de certains peuples, qu'au contraire des conceptions très hautes, mais mal comprises, ont été pour d'autres peuples très dangereuses, et il comprend qu'à un moment de son évolution la masse humaine ne peut s'élever au-dessus de certains symboles de la vérité : si on les lui arrache brusquement, on est condamné à les voir reparaître au bout d'un temps ou à voir s'éteindre dans l'âme populaire le principe même de la vie spirituelle avec les formes imparfaites, mais provisoirement nécessaires, dans lesquelles cette vie s'exprimait. Le sage pratique donc le genre de patience le plus difficile de tous, la patience à l'égard de l'erreur même intolérante, et, par cette mesure imposée à son instinct du juste et du vrai, il réalise la forme la plus délicate de la tempérance.

Il nous reste à résoudre une question d'importance capitale : comment une morale laïque, qui s'interdit toute perspective sur l'au delà, peut-elle donner à l'homme la force de se contraindre lui-même ? Pour limiter le problème et le poser dans les termes où il se pose d'ordinaire, comment peut-elle rendre l'individu capable de vaincre ses appétits égoïstes ? N'est-il pas contradictoire de chercher dans la nature un point d'appui qui permette de maîtriser la nature et, parfois, de la refouler ? Renan avoue quelque part que, le jour où les espérances d'outre-tombe disparaissent, des êtres passagers doivent nécessairement chercher à se rendre la vie douce et agréable par tous les moyens dont ils disposent, y compris l'alcool et la morphine. Et tous les partisans des religions positives affirment à l'envi qu'il est absurde de vouloir triompher de la nature sans appui surnaturel. « Le devoir n'est pas douteux, écrit M. Fonsegrive dans son livre sur le *Catholicisme et la vie de l'esprit*, notre humanité même exige que nous soyons hommes. Mais cela ne peut se faire qu'à la condition de détruire en nous les tendances animales. Il faut se tuer pour vivre, se perdre pour se sauver, donc se mortifier. Or cela est dur, le chemin qui de l'animalité monte à l'humanité est inévitablement la voie du Calvaire, la voie royale et douloureuse de la croix. » L'homme sans Dieu ne peut corriger ni, par suite, parfaire son être.

Sans nier la force morale exceptionnelle que des hommes de vraie foi peuvent puiser dans une religion idéaliste, nous pensons que M. Fonsegrive résout arbitrairement un problème qu'il pose en termes inexacts. Il faut, dit-il, « détruire en nous les tendances animales, les instincts inférieurs qui luttent contre les supérieurs ». Non, lui répondrons-nous, il ne faut pas détruire les tendances animales ni les instincts égoïstes — on échouerait certainement dans cette tâche; — il faut simplement les retenir dans les limites que la raison leur assigne et ne leur accorder que les satisfactions compatibles avec le développement de tendances plus hautes et d'instincts plus nobles. Nous n'avons pas à dire à l'égoïsme : « Disparais et meurs », mais seulement : « borne-toi au domaine très vaste que la raison t'abandonne, et consens à ne pas envahir celui qu'elle attribue à l'amour, à la justice, aux inclinations et aux idées proprement humaines ». Dans l'ordre présent des choses, il est rationnel que l'égoïsme ait un domaine plus étendu que l'altruisme; et, en effet, si nous supposons une société où chaque homme, cultivateur, industriel, commerçant ou fonctionnaire, veillerait beaucoup plus aux affaires et au bonheur de son voisin qu'à ses affaires personnelles et à son bonheur propre, l'image du désordre, du gaspillage d'énergies, de la diminution de joies et de l'accroissement de souffrances que ne manquerait pas de produire ce règne universalisé de la bonté incompétente, nous fera concevoir aussitôt le droit de l'égoïsme à gouverner la majorité des actions de la vie journalière. Mais si l'on s'est rendu compte de ce droit, si l'on a compris que le but de la morale n'est pas d'anéantir l'égoïsme, mais seulement de l'amener, après lui avoir fait sa part, qui est immense, à reconnaître et respecter la part de la bienfaisance et de la justice, nous croyons qu'on ne jugera plus la raison incapable d'accomplir cette tâche par elle-même, et qu'on n'affirmera plus la nécessité d'une action divine pour imposer à l'égoïsme les limites qu'il doit subir.

Il est un fait qu'on ne peut nier, c'est que cette contrainte interne jugée impossible sans l'aide de la grâce divine a été pratiquée par d'innombrables sages qui n'avaient de recours qu'en la raison. A l'époque de l'empire romain, le stoïcisme a fait pendant longtemps, pour la portion éclairée de l'humanité, l'intérim d'une religion : des milliers d'hommes, sans autre appui qu'une sagesse humaine, ont maîtrisé leurs passions, tenu tête aux tyrans du dedans comme à ceux du dehors. Et, dans les temps modernes, beaucoup d'existences célèbres et sûrement un nombre plus grand d'existences obscures ont obéi à des devoirs sévères sous l'empire de sentiments et de principes qui n'avaient rien de chrétien. Il existe un stoïcisme populaire, et tout homme qui a vécu à la campagne a pu admirer des paysans qui, sans aucune foi mystique, étaient en même temps très droits et très durs pour eux-mêmes. C'est donc qu'on peut gravir la route qui de l'animalité monte à l'humanité sans que cette route soit la voie mystique du Golgotha.

Les causes ne manquent pas qui rendent la nature capable, sans secours supra-terrestre, de se contraindre et de se redresser elle-même. En premier lieu l'égoïsme réfléchi peut être un frein pour les impulsions aveugles de la vie animale : lorsqu'il se représente clairement les conséquences douloureuses et durables de la satisfaction momentanée qu'elles réclament, il les arrête et les empêche de se satisfaire. L'idée simplement utilitaire d'un maximum de plaisirs ou d'un minimum de peines érigé en but final fait obstacle au plaisir présent qui ne s'accorde pas avec elle. La vertu de l'épargne, si commune en des pays très peu religieux comme le nôtre, ne démontre-t-elle pas avec force qu'une répression efficace peut être exercée sur les tentations quotidiennes par des motifs étrangers à tout caractère surnaturel ou même dépourvus d'élévation morale ? L'altruisme, sous sa forme instinctive, mais surtout sous sa forme réfléchie, nous procure un second facteur d'inhibition et de contrainte : les penchants sympathiques qui se développent dans la vie en famille et la vie en société empêchent souvent, si peu vifs qu'ils soient chez la majorité des hommes, l'accomplissement d'actions basses. La presse nous révèle chaque jour, en ses faits divers, quantité d'actions cruelles ou viles : nous ne pouvons douter que le nombre en serait beaucoup plus grand si les hommes n'étaient capables d'imaginer la douleur les uns des autres et d'enrayer leurs impulsions mauvaises par l'image vive de la souffrance d'autrui.

Un autre facteur purement humain de contrainte intérieure nous est fourni par la notion de justice à laquelle s'élève tout être intelligent et sociable, puisque la justice, envisagée en son essence, n'est que la forme parfaite de la sociabilité intelligente, la loi sous laquelle les hommes, en se respectant les uns les autres, s'assureraient le maximum de sécurité, de liberté et de joie. L'idée de justice, quand elle est nettement représentée, exerce une forte influence répressive sur les sentiments égoïstes de l'enfant ; il suffit souvent de lui dire : « ce que tu vas faire n'est pas juste », pour le retenir sur la pente où sa passion du moment le pousse. A plus forte raison, l'idée de justice agit puissamment sur l'adulte, surtout dans les pays où des mœurs politiques détestables ne contrarient pas l'œuvre de l'éducation morale et ne semblent pas s'appliquer, par l'abus des faveurs personnelles, à discréditer comme une duperie le souci du droit. L'idée de justice agit avec d'autant plus de puissance qu'elle s'associe presque toujours un dernier facteur de coercition interne, cet amour-propre élevé qui ne sépare pas le bonheur de la dignité de la vie. Le juste désire être heureux, quoique la pensée de son bonheur l'occupe moins qu'un autre, en raison de l'habitude qu'il a prise de sortir de lui-même et de se proposer des fins idéales ; mais il ne veut être heureux que noblement, selon la loi de l'homme vraiment homme. « Comme cela est bon de se sentir dans sa loi, disait l'un de nos stoïciens, Bersot, et, jusque dans les plus grandes agitations, combien il y a de vertu dans cette pensée, combien il y a de calme et de force ! » Pour l'homme qui s'est une fois pénétré de cette pensée, aucune jouissance matérielle achetée par une défaillance du vouloir ne se compare à la joie d'une action droite qui va prendre place au milieu d'autres actions droites dans la trame d'une existence fermement morale. Un moment vient où cet homme n'a plus d'effort à faire pour vaincre les tentations habituelles : à la hauteur où il s'est élevé, le mal moral, au moins le mal grossier, ne l'atteint plus, et s'il doit encore se contraindre lui-même, c'est pour accorder à son corps et à ses intérêts matériels les soins qu'ils méritent, et aussi pour régler la satisfaction de ses divers sentiments généreux selon leurs droits respectifs.

Nous croyons donc qu'une morale laïque un peu profonde, que des éducateurs convaincus enseigneraient par leur parole et par leur exemple, et dont une politique honnête ou seulement intelligente veillerait à ne pas détruire les résultats, n'est nullement incapable de résoudre le grand problème qui se pose à notre civilisation et qu'un économiste, M. de Molinari, définissait excellemment en ces termes : « Il faut faire en sorte que l'homme civilisé élève sa puissance sur lui-même au niveau de sa puissance sur les choses. » La nature humaine a ses faiblesses, que les religions ont justement signalées, mais aussi ses ressources admirables qui, utilisées par une forte éducation, lui permettent de se rectifier elle-même et de surmonter ses imperfections premières. Précisément parce qu'elle est très complexe, elle peut, en s'appuyant sur certains de ses éléments, réagir sur les autres et, par là, modifier heureusement l'ensemble discordant qui d'abord la compose. Ainsi, comme le dit je ne sais quel poète étranger: « Il n'y a pas de moyen de rendre la nature meilleure, mais la nature fait ce moyen : au-dessus de cet art qui, dites-vous, ajoute à la nature, est un art que crée la nature. »

Ajoutons seulement que, lorsqu'elle crée cet art dans l'humanité et par elle, il est d'autant plus fécond qu'il est plus original et ressemble moins à l'instinct qu'il suffit de sentir et de suivre.

VI. — LE COURAGE

Les leçons antérieures ont eu l'occasion de nous apprendre que la sagesse et la tempérance sont inséparables, et par là même elles ont mis en lumière l'étroite solidarité des vertus principales dont se compose la moralité privée. Parfois cette solidarité devient presque une identité : il y a des vertus individuelles qu'il nous est non seulement impossible de séparer, mais très difficile de distinguer. C'est ainsi que la tempérance, dont on fait d'ordinaire la vertu de la sensibilité, semble se confondre avec la vertu de la volonté ou le courage ; et, en effet, n'est-ce pas par un effort volontaire plus ou moins énergique que l'homme tempérant assujettit ses désirs à la règle de la raison ? Nous consacrerons cependant au courage une étude particulière, car il ne s'identifie que partiellement avec la tempérance, comme un genre s'identifie avec l'une de ses espèces. La tempérance n'est qu'une sorte de courage, le courage envisagé dans sa fonction de contrainte interne et appliqué à refréner les mouvements violents et désordonnés de la sensibilité. Le courage, au sens général du mot, a des fonctions multiples et des manifestations diverses : s'il enraye des désirs, il produit des initiatives ; cause d'inhibition, il est également pouvoir d'impulsion ; tantôt il retient l'homme et tantôt il le pousse en avant ; mais toujours, sous une forme ou sous une autre, il consiste en une énergie volontaire qui affronte ou subit les épreuves ou les risques habituels ou accidentels de la vie. Sa nature se précisera quand nous aurons fait connaître les conditions essentielles dont il dépend.

Le vulgaire lie le courage à l'absence de peur, et c'est même par cette condition supposée qu'il le définit ; mais, dès l'origine de la philosophie morale, Socrate a très bien dénoncé l'erreur qu'une pareille définition renferme : « Être sans peur et être courageux, dit-il, sont deux choses bien différentes. Le courage uni aux lumières est très rare ; mais rien n'est plus commun que l'absence de peur produite par l'absence de savoir : c'est le partage de presque tout le monde, hommes, femmes, enfants. Ceux que la multitude appelle courageux, je les appelle téméraires, et j'attribue le courage à ceux-là seuls qui sont éclairés. » Il existe, en effet, un courage apparent ou inférieur qui résulte de l'ignorance seule, et qui jette les enfants en des dangers souvent très graves ou même lance en des aventures folles certains adultes aussi peu réfléchis que les enfants. Mais la témérité des adultes résulte moins ordinairement de l'ignorance proprement dite que d'une réflexion insuffisante ou mal dirigée. Très souvent, au moment de s'engager dans une entreprise difficile, on sait qu'elle entraînera des risques et on peut dire lesquels, mais on ne se les représente pas avec précision et force : l'image qu'on s'en fait reste si indistincte et si pâle qu'elle ne s'accompagne pas d'une croyance ferme en sa réalisation possible. L'homme de pensée libre qui pénètre dans un milieu conservateur n'ignore pas qu'on ne peut nier les façons communes de penser et de sentir sans provoquer le scandale et s'attirer des ennuis ; mais parfois il a prévu si vaguement ces disgrâces inévitables que, lorsqu'elles l'atteignent, il s'en montre surpris et déconcerté. Le monde de l'industrie et du commerce nous offre chaque jour le spectacle de ces mésaventures : un homme se risque dans une affaire qu'il sait périlleuse, mais il l'envisage avec complaisance sous ses aspects favorables et n'imagine que faiblement les dangers qu'elle présente ; aussi, lorsque les obstacles se montrent et que l'affaire devient mauvaise, il se reproche douloureusement une initiative dont il s'était mal représenté les conséquences. Ne convient-il pas avec Socrate de refuser le nom de courage à cette hardiesse irrationnelle ?

Nous le refuserons également aux actions irréfléchies et violentes qui naissent du tempérament impulsif, si fréquent chez les natures incultes et frustes. Un barbare qui se croit insulté ou menacé se précipite sur son adversaire avec l'impétuosité aveugle qui lance un carnassier sur sa proie. Au moyen âge, dit Taine, chaque fois qu'un baron vient de la part de l'empereur ou du roi faire une sommation à quelque seigneur rebelle, il court danger de mort : « Le rude homme de guerre, menacé dans son château, devant ses hommes, sent ses veines s'enfler, son sang tourbillonner, et il se jette comme un taureau sur le messager ». Chez les hommes de cette espèce « le tumulte intérieur trop fort exclut la réflexion, la crainte, le sentiment du juste, toute cette intervention de calculs et de raisonnements qui, dans un tempérament flegmatique, mettent un intervalle et comme une bourre mollasse entre la première colère et la résolution finale ». Un déchaînement instinctif d'énergies brutales ne saurait évidemment se confondre avec le vrai courage, le courage proprement humain : pour nous, comme pour Socrate, un homme n'est courageux que s'il se maîtrise lui-même et s'il affronte avec pleine conscience un danger prévu et mesuré.

Mais si nous distinguons du courage l'absence de peur qui résulte de la colère animale, de l'irréflexion ou de l'ignorance, nous ne pouvons suivre Socrate lorsqu'il fait du courage une vertu purement intellectuelle, l'effet d'un jugement général sur l'attitude à prendre en face du danger : le lâche sait presque toujours fort bien la conduite que le courage prescrit et se sent ou se juge incapable de la pratiquer. Le courage n'est pas non plus pour nous, comme pour Platon et les Stoïciens, l'expression d'une sagesse très haute qui distinguerait des maux réels, mais subordonnés à notre vouloir, tels que l'injustice et les vices de l'âme, et des maux indépendants de nous, mais apparents et illusoires, comme la maladie, l'exil et la mort. Entendre ainsi le courage serait le réserver à une élite infiniment restreinte. Combien existe-t-il d'hommes qui ne redoutent pas la maladie, soit pour les souffrances dont elle s'accompagne, soit pour la dépression mentale qu'elle produit? Ceux-là aussi sont très rares qui aiment assez froidement leur patrie pour envisager sans crainte la perspective de l'exil. Enfin, dans la mesure où nous estimons que la vie est bonne, la mort nous apparaît naturellement et rationnellement comme un mal. Les maux que le stoïcisme voudrait réduire à des apparences ne sont donc que trop réels, et la sagesse sur laquelle il veut fonder une fermeté d'âme invincible n'est pas une sagesse humaine. Il ne remarque pas, d'ailleurs, qu'elle présuppose le courage même dont il prétend qu'elle est la cause. Pour concevoir la distinction des maux réels et des maux illusoires de telle sorte que la mort se range parmi les événements indignes de nous émouvoir, il faut déjà un courage singulier: on peut être sûr qu'elle ne se présentera jamais à l'esprit d'un lâche. Ajoutons que, du moment où elle s'établit dans une conscience à l'état de conviction vivante et efficace, elle semble ôter au courage sa signification. En effet, si aucun des maux sensibles n'est pour le sage un mal véritable, en quoi consiste sa vaillance morale? En affrontant la mort, il marque seulement qu'il ne redoute pas ce qu'il sait n'être pas redoutable; il brave ce qui est un péril pour les autres, non pour lui; sa sagesse, ayant vaincu jusqu'à l'instinct de conservation, a supprimé la matière même du courage.

Délivrons-nous donc du paradoxe des philosophes et reconnaissons, non seulement que les souffrances physiques et morales redoutées de tous les hommes sont des maux réels, mais encore que la raison est incapable d'en triompher par la seule force de ses maximes, sans l'appui des énergies que l'organisme peut mettre au service de l'esprit. Le courage est une vertu à moitié physique, à moitié spirituelle ; il existe et se soutient par la pensée, mais aussi par certaines dispositions du corps et par les attitudes émotionnelles qui leur correspondent. Quel est l'homme qui, en certains jours de bonne santé et de vigueur physique, ne s'est senti comme entraîné naturellement à accomplir des actes de courage, à entreprendre un travail difficile, à surmonter des obstacles qui d'abord l'effrayaient, à lutter contre quelque passion, quelque habitude mauvaise dont il avait la veille désespéré de triompher ? Au contraire, une grande fatigue physique et cérébrale rend incapable d'un effort volontaire énergique, d'une initiative courageuse ; toute difficulté paraît alors invincible et tout obstacle insurmontable : on n'entreprend aucune lutte, ni contre les autres ni contre soi-même, car d'avance on se juge vaincu. Presque toujours, lorsque la dépression vitale devient chronique, elle attribue une grande force aux images pénibles et tend à rendre habituel et dominant le sentiment de la crainte. L'homme peureux est justement celui qui imagine avec tant de force toute douleur ou, du moins, les douleurs d'une certaine espèce qu'aucun sentiment, même l'amour-propre, ne peut faire équilibre à l'intensité de cette représentation. Et la preuve que le grossissement involontaire et démesuré des images pénibles qui produit la peur dépend de conditions organiques, c'est qu'on le voit disparaître par degrés chez des hommes affaiblis qui retrouvent graduellement la santé et la vigueur. On ne peut donc nier le rôle des facteurs organiques et, par suite, des facteurs affectifs dans la production du courage, même du courage moral ; et c'est, à défaut d'autres motifs, ce qui devrait faire sentir à tout homme le prix de la santé et de la vigueur du corps. Nous nous gardons, d'ailleurs, d'oublier qu'on rencontre en des corps débiles des âmes énergiques et vaillantes : il suffit que la faiblesse générale de l'organisme n'atteigne pas gravement les conditions normales de l'activité cérébrale pour qu'elle ne rende pas impossible un courage parfois extraordinaire, capable d'humilier les constitutions les plus robustes et les santés les plus fermes. Mais cette remarque ne détruit pas, elle confirme l'opinion que le courage n'est un produit exclusif ni de la nature ni de la raison, mais l'effet commun de l'une et de l'autre.

Après avoir demandé à la psychologie ce qu'est le courage et de quelles conditions essentielles il dépend, il est plus facile à la morale de déterminer le mérite variable dont il témoigne selon les cas et selon les individus. Il nous semble que la valeur morale du courage se mesure, d'abord à la force que possède chez l'individu la disposition à la peur dont le courage triomphe ; ensuite, à la certitude ou à la probabilité de la souffrance ou du sacrifice à subir ; en troisième lieu à l'intensité de cette souffrance ou à l'étendue de ce sacrifice ; en quatrième lieu, à la persistance de l'effort pénible que le courage exige ; enfin, à la qualité du mobile qui soutient dans sa lutte l'énergie de l'individu.

Le premier de ces critères du courage se justifie si visiblement qu'on nous dispensera d'y insister : plus un homme est naturellement peureux, plus il est clair qu'il a de mérite à triompher de sa peur. On connaît le mot que les uns attribuent à Henri IV et d'autres à Turenne : « Tu trembles, carcasse ; mais si tu savais où je dois te mener demain, tu tremblerais davantage. » Voilà l'expression d'une énergie morale très ferme, dont la vigueur se juge à la puissance même de l'obstacle que la nature lui oppose.

Il apparaît avec une égale évidence que, s'il va au-devant d'un sacrifice certain et surtout du sacrifice certain de la vie, le courage revêt un caractère héroïque et sublime. Lorsqu'il se trouve en présence, non plus d'une certitude, mais d'une probabilité, nous déterminons l'estime qu'il mérite en mesurant la probabilité, non pas en elle-même, mais telle qu'elle apparaît à l'homme courageux. Les hommes se trompent très aisément sur les risques qu'ils courent, et les illusions dont plusieurs s'entretiennent ne laissent pas de diminuer le mérite de leur bravoure. Guyau remarque justement, dans son *Esquisse d'une morale*, que « celui qui a échappé vingt fois à un danger, par exemple à une balle de fusil, en conclut qu'il continuera d'y échapper ». Il se produit ainsi, dit-il, « une accoutumance au danger que le calcul des probabilités ne saurait justifier et qui entre pourtant comme élément dans la bravoure des vétérans ». De deux soldats, dont l'un est un vétéran qui va au feu comme à une fête, et l'autre, un jeune conscrit qui tremble, mais qui tient ferme, il se peut que le moins brave en apparence soit le plus courageux en réalité : celui qui ne recule pas, tout en jugeant sa mort presque certaine, est un héros, quels que soient les signes qui manifestent au dehors son trouble intérieur.

Le mérite moral du courage se mesure moins encore à la certitude ou à la probabilité apparente qu'à la nature et à l'étendue du sacrifice. L'objet le plus important qu'un homme puisse sacrifier est sa vie, puisqu'elle est pour lui la condition de tous les autres biens. Pourtant, par cela même que les hommes estiment inégalement la vie, ceux qui la sacrifient ne manifestent pas tous un courage égal. Il arrive qu'à la suite de certaines épreuves particulièrement douloureuses, la vie perd pour un homme toute sa valeur : et, dès lors, il peut donner son existence avec le sentiment qu'il donne une chose sans prix. Il y a des dévouements, d'ailleurs très nobles, qui ne sont que des formes déguisées de suicide. Même dans des conditions normales il peut être plus douloureux pour un homme de sacrifier sa réputation que sa vie. Un officier aimera mieux mourir que de passer pour traître. Une femme vertueuse préférera la mort à la perte de son honneur de femme. Le civilisé éprouve habituellement à un degré si fort le souci de sa réputation qu'il a besoin d'un courage extrême pour élever au-dessus de ce souci, quand les circonstances l'exigent, un grand devoir de conscience. Souvent ce n'est pas la peur d'être déshonoré, c'est la peur même d'être ridicule qui fait obstacle à la moralité : qui ne connait des jeunes gens dont l'existence morale a été désorganisée et détruite par une moquerie de camarades devant laquelle ils ont été lâches ? D'autres fois ce que le courage doit sacrifier, ce sont des intérêts matériels, des avantages positifs, une situation acquise, un avancement prévu ; et, si ce renoncement peut être léger quand il n'atteint que l'individu, il devient très douloureux si l'individu, en abandonnant des avantages qu'il sait avoir mérités, inflige à des parents, à une femme, à des enfants, les conséquences du sacrifice qu'il s'impose. A ce point de vue rien n'est plus beau que l'exemple donné par Jules Simon au lendemain du crime du 2 décembre et à la veille du plébiscite qui devait l'absoudre : « Je suis professeur de morale, déclara-t-il à ses élèves de la Sorbonne, je vous dois la leçon et l'exemple ; s'il n'y a demain qu'un bulletin de vote pour protester contre la violation du droit et de la loi, ce bulletin, je le revendique, je l'aurai déposé dans l'urne. » Jules Simon, qui prévoyait pour lui et les siens la conséquence de ses paroles, la perte certaine de sa place de professeur, fut ce jour-là un homme de très grand courage ; et nous ne savons si tous ses volumes réunis de philosophie valent ces quelques mots.

Un acte très courageux comme celui de Jules Simon peut être dans la vie d'un homme une action isolée, due à une émotion puissante et passagère de la conscience ou même à l'élan accidentel d'une imagination exaltée. Il y a des hommes qui ont été très braves un jour ou une heure et lâches le reste de leur vie : comment pourrait-on comparer la qualité de leur courage en quelque sorte « adventice » à celle du courage qui dure et qui s'affirme dans les circonstances les plus diverses, prouvant ainsi qu'il exprime la direction constante de l'être moral? La biographie de plus d'un homme de guerre est l'histoire d'une bravoure sans défaillance ; mais, tout en rendant pleine justice à un genre de mérite qui fut toujours très grand et que grandissent encore les conditions de la guerre moderne, on peut remarquer que cette bravoure se soutient souvent par une sorte de griserie qui amoindrit la part qu'y prend la raison. Un Allemand ne disait-il pas qu' « il faut se mêler aux mouvements fougueux d'une bataille et sentir la mort partout présente pour jouir de la vie dans toute son intensité » ? Cette surexcitation à la fois physique et esthétique s'accorde mal avec la pleine possession de soi que suppose le courage le plus hautement humain ; et c'est pourquoi l'on a vu défaillir dans la vie civile des énergies morales qui, à la guerre, n'avaient jamais fléchi. Le type de courage dont nous admirons le plus la constance est celui que la raison inspire le plus profondément, le courage d'un Socrate qui, soldat ou citoyen, oppose la même vaillance calme à la fureur de l'ennemi, aux menaces du tyran, à l'aveuglement de la multitude, et, condamné par des juges injustes, boit tranquillement la ciguë. Mais il faut se garder d'attribuer aux philosophes le monopole de l'énergie inflexible. L'existence la plus obscure et la plus banale peut cacher la trame d'un héroïsme continu. Lorsque nous lisons l'épitaphe écrite, il y a plus de 2 000 ans, sur le tombeau d'une femme romaine : « elle a filé sa quenouille et n'a pas quitté sa maison », nous pouvons nous dire que cette femme sans histoire n'a peut-être emprisonné son existence dans les obligations les plus humbles que par une contrainte énergique imposée à ses sentiments naturels. Qui sait si sa vie entière n'a pas été une suite de tentations maîtrisées et comme un acte prolongé de courage ?

En dernier lieu la valeur morale du courage dépend de la qualité du mobile qui le soutient. Il peut s'inspirer de mobiles très divers : les uns, naturels et humains, les autres, religieux et liés à la conception d'un ordre surnaturel. Ceux-ci se résument pour le croyant selon la lettre dans la phrase banale : « La crainte du Seigneur affranchit de toute autre crainte ». Elle devrait, en effet, libérer les croyants de toute frayeur terrestre ; mais l'expérience montre qu'elle les laisse presque tous désarmés et faibles devant les grandes épreuves de la vie ; et, d'autre part, eût-elle l'efficacité souveraine qui lui manque, il serait moralement fâcheux de suspendre le courage à une terreur de nature particulière. La vertu, disait Platon, n'est pas un calcul qui échange des tristesses contre des tristesses, et des craintes contre des craintes, comme une pièce de monnaie contre une autre ; elle consiste plutôt à s'affranchir autant que possible de toute peur et de toute tristesse et à vivre selon la raison.

Aussi les croyants selon l'esprit fondent le courage, non plus sur la crainte, mais sur l'amour de Dieu. Ce nouveau mobile, en même temps qu'il est très pur, agit très puissamment sur ceux qui l'adoptent, car il est plus facile d'accomplir des actes quotidiens de courage, surtout d'un courage obscur, en vue de répondre aux desseins d'un Être qu'on imagine absolument bon, que de déployer la même énergie douloureuse dans l'intérêt d'une espèce, l'espèce humaine, dont l'avenir est incertain, en tout cas borné, et dont l'homme le plus optimiste éprouve chaque jour, en lui-même et dans les autres, les imperfections, les misères et les bassesses. Un athée ou un positiviste sans parti pris doit reconnaître que, purgée de tout élément superstitieux, détachée de toute image de vengeance divine et d'enfer éternel, l'idée de Dieu, qui n'est, au fond, que l'idée de l'homme parfait, constitue un principe admirable d'énergie morale.

Mais considérons les mobiles proprement humains du courage. Ils sont de qualité très inégale. Beaucoup de gens ne sont courageux que par crainte de l'opinion ou par vif désir de l'éloge et de l'admiration des hommes ; c'est un courage qu'il ne faut pas trop déprécier puisqu'il rend de grands services et que, peut-être, trois hommes sur quatre se montrent incapables d'en pratiquer un autre ; mais combien ce courage qui a sa source hors de la conscience et qu'on peut appeler « hétéronomique », est intermittent et débile ! Celui qui n'est brave que pour la galerie cessera de l'être dès qu'il se sentira sans témoins ; avec l'espoir des applaudissements ou la crainte des huées son énergie s'évanouira ; et l'on peut, en effet, lorsqu'on les observe de près, constater chez les vaillants de cette espèce toutes sortes de lâchetés intimes. Ce n'est donc pas sans raison que Spencer voit dans l'amour de la louange et la crainte du blâme des mobiles « pro-moraux » qui, actuellement nécessaires pour suppléer à l'insuffisance de mobiles meilleurs, devront dans l'avenir, si le progrès n'est pas une illusion, céder de plus en plus la place aux sentiments proprement moraux.

Dès aujourd'hui l'amour et le devoir inspirent beaucoup d'actes de courage, comme nous avons vu qu'ils provoquent beaucoup d'actes de tempérance. Il est banal, mais vrai de dire que les femmes ne sont presque jamais énergiques et vaillantes que lorsqu'elles aiment : c'est dans leur affection pour un père ou une mère, pour un mari, pour un fils, que les plus humbles puisent la force dont elles ont besoin pour accomplir allégrement des tâches très lourdes. En cela beaucoup d'hommes ressemblent aux femmes ; s'ils s'acharnent au travail, s'ils ne se laissent pas abattre par les échecs, s'ils recommencent sans fin leur effort pour conquérir la fortune ou l'aisance, c'est qu'ils veulent assurer à leurs enfants une vie moins dure que la leur. Du reste, l'amour inspirateur du courage peut dépasser le cercle étroit de la famille : il est des hommes qui s'imposent des efforts prolongés et pénibles parce qu'ils aiment leur pays d'un amour profond et qu'ils savent à quel point lui est utile l'énergie morale de chacun de ses fils.

Mais au-dessus du courage qu'inspire l'amour pur et simple s'élève celui que fonde le devoir rationnellement conçu. Un homme qui s'est imposé un idéal rigoureux d'équité et qui ne consent pour aucun motif à le faire fléchir, ne peut éviter de se heurter parfois très rudement à un milieu qui ne demande pas cette intraitable vertu. Ce sont souvent ses affections les plus chères qui se liguent contre sa droiture : « Si tu ne consens pas à telle démarche, lui dit-on, si tu ne veux pas te montrer aimable pour ce personnage influent que tu méprises, tu compromets ou plutôt tu perds ton avenir et le nôtre; ta situation amoindrie privera tes fils des ressources qu'exige l'accès de toute profession honorable et enlèvera toute chance de mariage à tes filles. Vas-tu nous sacrifier à des scrupules très élevés peut-être, mais sûrement très chimériques, puisqu'aucun de tes concurrents ne les partage?» Nul combat n'est plus douloureux que cette lutte du cœur et de la conscience, et la conscience n'y triomphe que par le plus méritoire des courages.

Nous venons d'étudier d'une manière générale le courage en recherchant les conditions qui le produisent et en déterminant les règles qui, moralement, le mesurent; mais cette étude même nous a laissé voir qu'il n'est pas une vertu une et simple, mais une vertu complexe et multiple, qui enveloppe une pluralité d'espèces. En réalité, comme le courage intervient partout où s'offre un devoir à remplir, on peut admettre autant d'espèces de courage qu'il y a d'espèces de devoirs. On distingue couramment le courage militaire et le courage civil, le courage physique et le courage moral, le courage civique et le courage professionnel. On distingue aussi, selon la manière dont l'énergie morale s'exerce et les facultés qu'elle met en œuvre, un courage qui affronte le danger et un courage qui supporte le mal, ou encore un courage d'initiative et un courage de persévérance. Mais ces divisions générales comportent elles-mêmes des subdivisions; dans ces groupes on établirait aisément des sous-groupes. Puisque nous ne pouvons passer en revue toutes ces espèces ou variétés, bornons-nous à dire quelques mots de deux sortes de courage qui ont un prix particulier pour une civilisation démocratique et scientifique, le courage intellectuel et le courage civique ou social.

Le courage intellectuel est celui qui consent à la souffrance et au sacrifice par amour et respect de la vérité. Nécessaire en toute époque de civilisation, il l'est surtout en un temps de crise qui heurte des aspirations, des opinions, des croyances de toute nature et de toute origine entre lesquelles il faut faire un choix ou tenter une conciliation. Si nous demandons autour de nous ce qu'il faut penser des problèmes essentiels de la vie et de la destinée, chrétiens et libres penseurs, positivistes et mystiques, matérialistes et spiritualistes nous font entendre des réponses si diverses que, pour chercher à découvrir la vérité au milieu d'une telle confusion de doctrines, il faut déjà une certaine vaillance intellectuelle : il serait si commode de s'enfermer et de s'endormir dans quelque tradition vénérable, surtout quand on peut croire sans trop d'illusion que le passé en a prouvé la bienfaisance et la force ! Les hommes attachés aux façons de penser traditionnelles ne peuvent consentir de gaîté de cœur, même lorsque leur milieu les y invite, à l'acte décisif qui est la condition de toute libre recherche, à ce doute initial dont Descartes nous a légué le précepte et l'exemple. Ils ont pourtant le devoir de soumettre leur conviction à un examen critique, d'abord pour ne pas donner à la vérité qu'ils croient posséder l'apparence de ces erreurs qui ne se maintiennent qu'en refusant la discussion, puis, pour ne pas accuser sans preuve d'aveuglement ou de mauvaise foi les hommes qui ne partagent pas leur croyance ou qui, ayant commencé par l'admettre, l'ont ensuite abandonnée.

Mais si leur devoir est clair, il est très pénible, car on leur demande, au seuil de la vraie vie intellectuelle, la plus hardie et la plus redoutable des décisions ; on exige qu'ils supposent fausses, au moins provisoirement, les croyances qui leur sont le plus chères et sans lesquelles plusieurs estiment qu'ils perdraient toute raison de vivre. Ils ne peuvent, en effet, examiner impartialement les doctrines contraires à leur foi sans renoncer virtuellement à cette foi. S'ils ne commencent pas par traiter dans leur pensée comme douteuses les propositions qu'ils avaient tenues jusque-là pour certaines, ils ne cherchent pas sans parti pris ; et s'ils cherchent avec parti pris, secrètement résolus à conserver leur conviction première, ils font semblant de chercher et se mentent à eux-mêmes comme aux autres en affirmant qu'ils ne poursuivent que la vérité. Douter de la vérité apparente qu'on a prise pour la vérité réelle, alors même que ce doute apparaît comme une impiété et une trahison envers Dieu : voilà donc l'initiative paradoxale par laquelle le croyant conquiert sa place dans la cité des esprits libres, et l'on ne peut contester qu'elle exige un courage de qualité très rare.

D'ailleurs l'incrédule subit également l'obligation d'un effort très courageux, quoique sans doute moins pénible. Il faut qu'il soit toujours prêt à reviser les jugements sur lesquels son incrédulité se fonde et à examiner si la résistance qu'ils opposent à des objections nouvelles ne procède pas de quelque motif passionnel, de quelque sentiment impur. Il est tenu de pratiquer cette bonne foi vaillante et profonde qui seule peut démasquer les sophismes par lesquels nous nous dupons si volontiers nous-mêmes, et déterminer la qualité intellectuelle et morale de nos affirmations ou de nos négations, de notre scepticisme ou de notre foi. Croyants ou sceptiques, notre pensée ne compte que si, en allant vers la vérité, nous avons eu le courage de nous dire avec Guyau : « Quoi que je trouve au bout de la voie où je m'engage, quand cela serait contraire à toutes mes prévisions et à tous mes désirs, à tout ce que je croyais et à tout ce qu'on croit autour de moi ; quand ce serait contraire à tout ce que j'ai dit moi-même ; quand cela déferait toutes mes associations d'idées, dérangerait toutes les combinaisons, tout le système que mon intelligence avait échafaudé jusque-là, quand cela anéantirait enfin tout le travail de ma vie passée, — si c'est la vérité, quelque pénible qu'elle soit, je veux la trouver, je veux y croire, parce que la vérité est digne d'amour et que je l'aime. »

S'il faut du courage pour chercher la vérité, il en faut aussi pour la dire ou l'écrire lorsqu'elle déplaît aux hommes, ainsi qu'il arrive souvent, non par sa faute, mais par la leur. Il y a des vérités très dures qui auraient épargné à tout un peuple d'effroyables désastres si les guides de l'opinion avaient osé les proclamer ou les reconnaître à l'heure nécessaire. Qu'on suppose qu'au mois de juillet 1870 la plupart des Français éclairés et influents aient imité le courage patriotique de M. Thiers et risqué leur popularité en disant tout haut ce qu'ils pensaient d'une guerre avec l'Allemagne, on n'aurait pas entendu le peuple abusé crier sur nos boulevards : « A Berlin ! » quelques mois avant l'entrée des Allemands à Paris.

Avec la sécurité de la patrie, c'est l'avenir de la civilisation qui dépend du courage civique de l'élite sociale. Lorsque, comme aujourd'hui, le pouvoir appartient à la grande masse des travailleurs, rien n'est plus aisé que de conquérir la sympathie et les faveurs de cette masse : il suffit très souvent de lui dire qu'elle subit les pires injustices et qu'elle possède toutes les vertus. On est assuré de soulever les applaudissements de certaines réunions publiques lorsqu'on oppose le peuple et la bourgeoisie en ces termes qu'un journal nous fournit : « Non, la brutalité n'est pas dans le peuple ; en lui, depuis longtemps, les instincts de férocité ancestrale se sont effacés ; des habitudes nouvelles ont été contractées. La brutalité, elle est tout entière dans la bourgeoisie. Entrez dans un salon... Ce n'est pas une réunion de femmes et d'hommes : ce sont des hyènes et des chacals... » On ne risque pas, non plus, de provoquer contre soi l'indignation populaire lorsqu'on attribue au peuple le pouvoir mystérieux de faire de la civilisation avec des actes de violence et qu'on assimile les gens qui, dans les grèves ouvrières, déploient toute la brutalité de l' « action directe » à ces « héros spartiates qui défendirent les Thermopyles et contribuèrent à maintenir la lumière dans le monde antique ».

L'appel au sentiment révolutionnaire et la glorification de ce sentiment sont des moyens infaillibles de succès dans un trop grand nombre de milieux ouvriers. Mais un démocrate éclairé et loyal s'interdira ces moyens et en condamnera vigoureusement l'usage, car il sait que l'exaltation du sentiment révolutionnaire, si elle conduit le peuple aux sanglantes journées de juin 1848 ou de mai 1871, n'abolit jamais ni sa misère ni sa servitude. Ce qu'il affirme à la multitude ouvrière, c'est qu'elle ne peut améliorer son sort qu'en élevant sa capacité économique, intellectuelle et morale et que, dans l'hypothèse où tous les capitaux seraient exploités en commun et tous les produits du travail général répartis entre les travailleurs selon une règle juste, ce bouleversement de notre régime économique n'accroîtrait en rien le bonheur commun, mais le diminuerait, si chacun des membres de la société nouvelle n'y apportait un vif esprit de solidarité, de discipline, de dévouement au bien de l'ensemble et une conception intelligente des intérêts collectifs. En d'autres termes, l'homme qui aime vraiment le peuple lui dénonce ce qu'il y a d'illusoire dans « le socialisme du moindre effort » et lui fait comprendre que la société nouvelle dont il attend le bonheur ne peut ni se produire ni surtout se maintenir sans un ensemble nouveau et supérieur de sentiments, d'idées, d'habitudes, de mœurs. De telles vérités ne sont jamais entendues avec plaisir, même lorsque s'y joint l'indication de réformes précises et prochaines qui peuvent, en atténuant certaines souffrances actuelles, favoriser l'ascension de la démocratie. Il faut pourtant avoir le courage de les dire, dût-on souffrir cruellement de compromettre une popularité qu'on sait précieuse, en raison de la force que la faveur de l'opinion assure à l'homme qui veut le bien. Il faut oser parler au peuple avec franchise et bon sens, parce que l'existence même de la civilisation est liée désormais à la quantité de raison que les plus intelligents et les meilleurs auront su introduire dans les cerveaux les plus humbles. A voir combien ce courage est rare parmi nos démocrates, on devine tout ce qu'il suppose d'énergie.

Nos remarques sur quelques-unes des espèces de courage qu'exige la civilisation moderne suffisent à faire comprendre combien se trompent ceux qui considèrent le courage comme une vertu dont le progrès de la culture doit diminuer le rôle. Le courage, disent-ils, est inséparable d'un régime de violences, de guerres, de persécutions brutales; des mœurs plus douces affaiblissent, en la rendant moins utile, l'énergie du vouloir. « Le niveau de la vertu, objectait Guyau à l'optimisme moral, s'abaisse tous les jours. Le progrès va le plus souvent à l'encontre de la vraie moralité, de celle qui ne naît pas toute faite, mais se fait elle-même. J'ai peut-être en moi une énergie de volonté qui, il y a une quinzaine de siècles, m'eût transformé en martyr; de nos jours je reste, bon gré mal gré, un homme ordinaire, faute de bourreaux. Si le monde n'a pour but que de nous poser le problème moral, il faut convenir que la barbarie le posait avec bien plus de force que la civilisation. » A notre avis, la vérité est tout autre : la barbarie posait seulement le problème moral d'une façon plus simple. La civilisation, en suscitant toute sorte de questions nouvelles, impose à la volonté de nouvelles épreuves et crée au courage de nouveaux emplois. Si le combat de l'homme contre l'homme devient plus rare sous la forme de la guerre, il devient plus fréquent et plus âpre dans tous les domaines de l'activité qu'il est convenu d'appeler pacifique et qui n'est guère pacifique que de nom. Les civilisés luttent sans cesse entre eux, sinon pour la vie, au moins pour les avantages de la vie, pour le bien-être, pour la richesse, pour le pouvoir, pour les honneurs, pour la réputation; et si, dans toutes ces luttes, la ruse joue un trop grand rôle, elle n'exclut pas la nécessité du courage, même chez les gens malhonnêtes, à plus forte raison chez les autres. Il est vrai que nous ne connaissons plus les persécutions sanglantes du moyen âge, mais des persécutions moins brutales sont très douloureuses à notre sensibilité plus fine, et, pour leur résister ou les mépriser, nous avons besoin d'une grande énergie.

De plus, comment nier que la civilisation multiplie les formes et ajoute aux dangers du combat contre la nature? Autour de nous le courage est partout nécessaire; il l'est au chimiste qui analyse des gaz, à l'aérostier qui franchit les monts et les mers, au mineur sur qui pèse une menace perpétuelle d'explosion, au moindre chauffeur de navire ou de chemin de fer. Pour ne citer qu'un fait divers banal, quel exemple de sang-froid ne nous donne pas ce chauffeur qui retire avec méthode le charbon enflammé des grilles sur lesquelles s'est abaissée, du ciel du fourneau, une poche rouge, prête à crever, et qui, après avoir achevé stoïquement sa besogne de salut, se borne à dire: « Un sale coup de feu tout de même, un sale coup de feu! »

En même temps que la civilisation diversifie la lutte de l'homme contre les forces naturelles, elle multiplie les conflits de l'homme avec lui-même, soit qu'elle accroisse le nombre des tentations qu'il subit, soit qu'elle complique sa vie intérieure et lui rende plus difficile l'organisation de tendances plus diverses. D'une part, nul ne conteste qu'une Parisienne a d'ordinaire plus de tentations à vaincre et plus de courage à déployer qu'une paysanne d'un hameau perdu d'Auvergne ou de Bretagne. D'autre part, plus la vie morale s'enrichit et heurte entre eux, non seulement des sentiments élevés et des sentiments bas, mais encore diverses espèces de sentiments élevés, et plus elle exige l'action incessante d'une volonté courageuse qui impose aux désirs les ordres de la raison. Et la tâche que la civilisation exige du courage est d'autant plus difficile qu'une raison complexe et riche, qui a envisagé des points de vue très divers, est habituellement moins ferme qu'une raison étroite qui n'a connu le monde et la vie que sous un aspect unique et simple. Le civilisé, qui a plus de combats à livrer, s'appuie sur des principes généralement moins solides; il doit lutter contre des adversaires plus nombreux avec des alliés plus faibles; et c'est pourquoi il ne peut s'assurer la continuité d'une vie droite sans un déploiement exceptionnel d'énergie.

Puisque, avec le progrès de la civilisation, le courage devient de plus en plus nécessaire, c'est un devoir pour les modernes de l'entretenir par une culture méthodique. Comme les sentiments dépendent en grande partie d'habitudes qui leur sont conformes, il faut de bonne heure accoutumer l'enfant à des actes et à des exercices qui réclament de l'énergie et du sang-froid: parfois certains sports vulgaires servent beaucoup plus à former un homme intrépide et ferme que toute une suite de dissertations sur l'utilité et la beauté du courage. C'est de l'exercice et de la pratique, disait déjà Platon, que naissent les vertus communes; et les Stoïciens observaient dans le même sens que, comme les exercices physiques produisent les vertus physiques, les exercices moraux sont nécessaires aux vertus morales qui, sans eux, n'ont que l'apparence de la vertu. « Celui-ci, dit Epictète, sait déjà lire Chrysippe tout seul. Par les dieux, quel progrès !... Si je disais à un athlète : « montre-moi tes épaules » et qu'il me répondît : « voici mes haltères », je lui dirais : « va-t'en voir ailleurs avec ces plombs. Ce que je veux savoir, c'est comment tu t'en sers ». Toi, de même, tu me réponds : « prends ce traité sur les appétits et vois comme je l'ai lu ». Esclave, ce n'est pas là ce que je cherche à voir, c'est comment tu tends vers les choses ou comment tu les repousses, comment tu les désires ou comment tu les évites, comment tu entreprends, comment tu t'appliques et comment tu déploies ton effort. »

Ainsi c'est par des actes de courage, de patience, de tempérance que se forme l'homme courageux, patient, tempérant. Selon une métaphore chère aux Stoïciens, c'est en imitant les athlètes qui s'entraînent qu'on se donne l'énergie morale dont le devoir a besoin. Il ne s'ensuit pas que l'éducation ne doive pas faire à la raison sa part dans la formation du courage: tout au contraire elle doit la lui faire aussi large que possible et inculquer à l'enfant des principes rationnels très fermes, le convaincre surtout que l'homme possède une dignité qu'il n'a pas le droit d'avilir par des actes lâches. Nous avons déjà dit que, toutes choses égales par ailleurs, le courage est d'autant plus élevé qu'il se pénètre davantage de raison et que le courage le plus élevé est normalement le plus sûr : une énergie morale soutenue par les meilleures habitudes manquera de fermeté dans les circonstances imprévues si elle ne se connaît pas elle-même comme la condition nécessaire des plus grands biens humains. Nous conclurons donc que, le courage étant un effet commun de la nature et de la raison, l'éducation doit agir à la fois sur la raison et la nature pour le former, ou, s'il existe, pour l'affermir.

VII. — LA RÉSIGNATION

S'il est une vertu que les moralistes anciens, surtout ceux de la dernière époque, ont recommandée avec force, c'est la résignation : elle résume pour eux toute la morale individuelle. La résignation est sagesse, car l'homme qui a compris la nature ne peut que s'incliner devant la claire nécessité des lois qui la régissent ; elle est tempérance, car elle ne soumet l'homme aux conditions inévitables de la vie naturelle et humaine qu'en disciplinant les appétits et les sentiments que ces conditions contrarient ; elle est courage, car elle a besoin d'un effort énergique de la volonté pour imposer silence aux émotions de colère ou de tristesse que la raison désapprouve. C'est à la résignation qu'Épictète ramène les prescriptions essentielles de sa morale lorsqu'il les fait tenir dans la formule : « abstiens-toi et supporte », et c'est la résignation qui inspire à Marc-Aurèle sa piété naturaliste. « O monde, s'écrie l'empereur philosophe, tout ce qui te convient me convient. Rien n'est tardif ou prématuré pour moi qui est de saison pour toi.

Tout m'est fruit dans ce que tes saisons m'apportent, ô Nature. »

La résignation est aujourd'hui moins populaire parmi les moralistes, et le précepte qu'ils recommandent le plus volontiers aux hommes n'est pas d'accepter l'ordre des choses tel qu'il est, mais de réagir et de lutter contre les maux de toute sorte que l'organisation de la nature et de la société inflige à l'espèce et à l'individu. Il ne nous convient plus de soumettre notre volonté au monde, mais nous avons l'ambition de soumettre le monde à notre volonté. Le Destin, autrefois respecté comme une Divinité toute-puissante, a cessé de nous paraître inviolable et, selon l'expression de Renan, l'homme moderne est devenu « hardi contre Dieu ». Indiquons quelques-unes des causes qui ont déterminé ce changement d'attitude : quand nous aurons compris pourquoi les modernes limitent le rôle de la résignation, il nous sera plus facile de fixer la place et l'emploi que cette vertu, ramenée à ses bornes légitimes, doit conserver dans une morale rationnelle.

La première cause qui travaille à affaiblir la résignation de l'homme moderne en diminuant pour lui l'empire du destin est la science. « Savoir, c'est pouvoir », et les lois que les savants découvrent nous permettent de modifier à notre avantage les faits naturels dont les conditions tombent sous nos prises. Quand nous savons que par des moyens précis et sûrs un mal peut être amoindri ou détruit, une souffrance atténuée ou supprimée, ne serait-il pas absurde et immoral de s'y résigner ? Quel que soit notre respect pour le stoïcisme, nous ne pouvons que donner raison à Macaulay lorsque, dans un morceau célèbre, il oppose à la sagesse souvent inactive des stoïciens la sagesse entreprenante et conquérante de nos savants : « Un disciple d'Épictète et un disciple de Bacon, compagnons de route, arrivent ensemble dans un village où la petite vérole vient d'éclater. Ils trouvent les maisons fermées, les communications suspendues, les malades abandonnés, les mères saisies de terreur et pleurant sur leurs enfants. Le stoïcien assure à la population désolée qu'il n'y a rien de mauvais dans la petite vérole, et que pour un homme sage la maladie, la difformité, la mort, la perte des amis ne sont point des maux. Le baconien tire sa lancette et commence à vacciner. Ils trouvent une troupe de mineurs dans un grand effroi. Une explosion de vapeurs délétères a tué plusieurs de ceux qui étaient à l'ouvrage, et les survivants n'osent entrer dans la caverne. Le stoïcien leur assure que cet accident n'est rien qu'un simple ἀποπροηγμένον[1]. Le baconien qui n'a pas de si beaux mots à sa disposition se contente de fabriquer une lampe de sûreté. Ils rencontrent sur le rivage un marchand naufragé qui se tord les mains. Son navire vient de sombrer avec une cargaison d'un prix énorme et il se trouve réduit en un moment de l'opulence à la mendicité. Le stoïcien l'exhorte à ne point chercher le bonheur

---

[1]. Évènement ou chose non préférable.

en des objets qui sont hors de lui-même, et lui récite tout le chapitre d'Épictète : à ceux qui craignent la pauvreté ! Le baconien construit une cloche à plongeur, y descend et revient avec les objets les plus précieux de la cargaison. » Il est certain que, chaque fois qu'en des circonstances semblables la science nous conseille la lutte contre le Destin et nous arme pour cette lutte, nul stoïcien moderne ne refusera de la suivre pour pratiquer une résignation inutile qui ne se justifiait, il y a dix-huit siècles, que parce qu'elle ignorait le pouvoir de l'homme.

Une autre cause qui fait actuellement obstacle à la popularité de la résignation réside dans notre état politique et social. Les sociétés modernes sont des démocraties, et le propre du régime démocratique est d'exciter toutes les ambitions en ouvrant un champ libre à toutes les énergies. Il n'est personne qui ne puisse citer des hommes que leur effort a élevés du plus bas au plus haut degré de l'échelle sociale, un millionnaire qui a débuté comme ouvrier ou petit commis, un membre de l'Institut dont le père était un marin pauvre ou un paysan. Comme, d'ailleurs, on ne remarque que les ambitions qui réussissent et qu'on néglige les insuccès et les désastres, il en résulte une fièvre générale qui pousse chacun à tendre de toutes ses forces vers la fortune, la puissance ou la gloire et qui conduit à juger les individus résignés à leur sort comme des médiocres, des timides, des hommes sans vertu.

La démocratie est d'autant plus contraire à l'esprit

de résignation qu'elle déchaîne, avec les ambitions individuelles, les ambitions collectives et ôte toute limite aux désirs et aux espérances des classes et des groupes. Il y a trois cents ans, la classe sociale la plus misérable acceptait son sort parce qu'elle ne croyait pas à la possibilité de le changer ; elle se représentait l'ordre de choses qui pesait sur elle comme une muraille où se briseraient ses plus vigoureux efforts. De tout temps, pensait-on, il y avait eu des classes privilégiées et des classes déshéritées, des groupes humains destinés aux joies et d'autres voués aux misères de la vie : une effroyable injustice faisait partie de l'éternel Destin. Mais les Révolutions modernes ont anéanti ce fatalisme social : des institutions politiques qui paraissaient indestructibles ont péri brusquement ; des privilèges sont tombés dont on ne prévoyait pas la chute ; des barrières entre les hommes qu'on pouvait croire éternelles ont été rompues par la poussée des multitudes. Et ce n'est pas seulement dans l'ordre superficiel de la politique, c'est plus profondément, dans l'ordre social et économique que s'est manifestée avec évidence la possibilité de modifier des institutions qui passaient pour nécessaires. Depuis 1840 la France réalise une législation du travail qui a été dénoncée, à chaque étape, comme une tentative impossible contre des nécessités économiques : le législateur a passé outre aux prophéties pessimistes et chacune de ses innovations a produit des malaises passagers, mais non des crises durables ni surtout des crises mortelles. Comment tous ces démentis infligés par l'expérience aux impossibilités apparentes n'auraient-ils pas fait prévaloir la croyance que la réalité sociale est d'une plasticité presque infinie, et que les gens qui souffrent d'arrangements sociaux pour eux pénibles auraient tort de s'y résigner, aucun arrangement n'étant si nécessaire qu'il ne puisse être modifié par des gouvernants de bonne volonté? Ainsi par les réformes incessantes qu'elle opère dans l'ordre social et par la liberté croissante qu'elle assure aux hommes, aussi bien que par les découvertes scientifiques qu'elle multiplie, la civilisation moderne est faite pour diminuer l'esprit de résignation.

Elle accomplit par là une œuvre dont il ne peut être question de nier l'excellence. Nous ne devons nous résigner qu'au mal incontestablement nécessaire, et puisque nous ne pouvons pas toujours distinguer sûrement ce qui est nécessaire en réalité de ce qui ne l'est qu'en apparence, il nous faut entretenir en nous à un très haut degré les vertus d'énergie militante et de courage réformateur. Malgré les progrès de l'esprit critique, nous acceptons trop souvent pour nous-mêmes et surtout pour les autres des abus de pouvoir ou des usages absurdes contre lesquels nous aurions le devoir de nous révolter. En bien des cas nous consentons au train des choses, non par sagesse, mais par paresse ou par peur de nous compromettre, et notre résignation n'est qu'abdication. Mais de ce qu'il nous arrive de nous résigner à tort et lâchement, il ne faut pas conclure qu'il n'y a aucune place à faire dans notre conduite à une résignation raisonnable et courageuse. Nous verrons plus tard si la morale de la résignation ne garde pas ses droits même dans l'ordre social, et si l'examen des sociétés ne découvre pas dans leur structure, à côté de nécessités factices ou illusoires, des nécessités réelles et profondes auxquelles l'homme éclairé doit se soumettre, quoi qu'il en coûte à ses sentiments généreux. Ce qui est sûr, c'est que dans la vie privée la résignation aura toujours à jouer un rôle immense et que, s'il y a des vertus que le progrès doit un jour mettre hors d'usage, elle n'est pas de celles-là. C'est ce que nous montrera l'étude rapide des conditions qui habituellement la réclament et des formes qu'elles lui imposent.

Il est d'abord des lois éternelles de la vie auxquelles il sera toujours nécessaire de savoir se résigner. Physiquement, l'homme est un organisme très complexe dont la santé consiste en un équilibre très instable, sans cesse menacé d'une altération légère ou grave qui s'exprime à la conscience sous forme de malaise ou de douleur. Et l'on ne peut prévoir le jour où il échapperait à la nécessité de souffrir, car si la civilisation multiplie les remèdes contre nos maux, elle affine notre système nerveux et le rend douloureusement sensible à des ébranlements de plus en plus délicats. L'homme, pour souffrir avec dignité, aura donc toujours besoin de résignation; et il ne devra sa résignation, dans l'avenir, qu'à des motifs semblables à ceux qui l'ont produite et soutenue dans le passé.

Épicure, ce moraliste du plaisir qui sut souffrir avec héroïsme, conseillait à ses disciples de supporter la souffrance en réfléchissant que, d'ordinaire, elle est courte si elle est vive, qu'elle s'atténue lorsqu'elle dure, et les invitait à l'atténuer eux-mêmes par le souvenir des joies passées et l'espérance des joies à venir. Ce sont encore des réflexions et des efforts de même nature qui nous aident à tolérer le mal que la médecine est impuissante à soulager. Pour rendre nos souffrances supportables, disait Flaubert à Taine, il faut nous créer un alibi, vivre hors du présent, augmenter aux dépens de nos sensations le rôle de nos images qui, toujours à notre disposition, nous font voir intérieurement les objets, les êtres et les événements qui nous plaisent. Une autre façon de supporter la souffrance qu'ont pratiquée de tout temps les natures les meilleures et qui est, à notre avis, la plus sûre, c'est de s'en distraire par quelque grand devoir, par quelque sentiment élevé et fort : plus l'homme sort de lui-même par la conscience et le cœur, moins il sent les coups personnels que la souffrance lui inflige. Mais tous ces moyens, s'ils facilitent la résignation, ne la suppriment pas : une douleur amoindrie n'est pas une douleur abolie, et il faut toujours, en fin de compte, accepter de souffrir. Le sage se dit que telle est la loi de la nature humaine, qu'on doit s'y soumettre puisqu'on ne peut la changer, que la révolte ne servirait qu'à exaspérer la souffrance et que l'homme le plus digne de ce nom est celui qui se soumet le plus bravement, sans récriminations inutiles. Il sait, du reste, que l'acceptation de la douleur, lorsqu'elle est pleinement consciente et se fonde sur des vérités éternelles, n'est pas inséparable d'une certaine fierté et d'une joie austère, mais réelle.

La résignation n'exige pas d'ordinaire un effort trop grand lorsqu'il s'agit d'accepter des souffrances passagères; elle devient beaucoup plus malaisée lorsque nous devons nous accommoder à des privations durables et consentir à des renoncements définitifs. Il est dur de se plier à des infirmités qui mutilent à jamais notre activité et notre existence. Pourtant le sage s'y résigne et presque s'en console par une vie intérieure de plus en plus active et profonde à mesure que sa vie extérieure s'appauvrit et se rétrécit. Pendant les années tristes que Marc-Aurèle passa sur les bords du Danube, occupé à repousser les envahisseurs barbares, il n'était distrait des fatigues et des soucis de son double métier d'empereur et de général que par une joie unique, celle de lire les auteurs favoris dont les maximes affermissaient son héroïsme. Bientôt sa vue baissa et la satisfaction de la lecture lui fut refusée, mais cette suprême épreuve ne l'accabla pas. « S'il ne t'est plus permis de lire, écrit-il, tu peux toujours repousser ce qui te ferait honte ; tu peux toujours mépriser les voluptés et les douleurs ; tu peux toujours te mettre au-dessus de la vaine gloire ; tu peux toujours ne point te fâcher contre les sots et les ingrats ; bien plus, tu peux toujours leur faire du bien. » Ainsi pensent et agissent les infirmes doués de courage : quand leur vie se heurte dans une direction à un obstacle infranchissable, ils la développent dans une direction différente, morale, scientifique ou artistique. Beethoven devenu sourd compose d'admirables symphonies où éclatent parfois les accents d'une joie intense.

Et ce n'est pas seulement aux grands hommes qu'il est donné de se consoler ainsi : les plus modestes peuvent réparer dans une large mesure les effets d'une infirmité naturelle ou acquise en exaltant les facultés que la nature leur laisse, et que souvent elle fait bénéficier de l'absence ou de l'arrêt de développement de la faculté qui manque ou ne s'exerce plus. L'être même que la nature a le plus maltraité se donnera le sentiment que sa vie est utile si, par la patience et la sérénité qui l'ennoblissent, elle devient une leçon pour les autres, même parfois pour les plus forts. Très souvent un homme physiquement débile peut rendre service à ses semblables non seulement d'une façon indirecte, par l'exemple de sa résignation, mais encore directement, par ses actes : lorsqu'il économise ses forces et les concentre tout entières sur un seul objet, il lui arrive de produire des œuvres ou d'accomplir des tâches qui égalent celles des mieux doués. On a vu des professeurs infirmes ou dont la vie physique n'était qu'une perpétuelle souffrance faire leurs leçons avec entrain et joie parce qu'ils avaient réservé toutes leurs énergies pour cet effort : ils se résignaient à une existence incomplète et souffrante en sachant que, malgré la nature, elle porterait des fruits.

Si l'obligation de se résigner à des souffrances durables ou à des infirmités définitives n'atteint pas tous les hommes, il est une résignation universellement obligatoire, celle que commande la mort. Nous n'avons pas à rechercher comment la mort peut être acceptée par les hommes qui l'associent à l'idée d'un au delà mystérieux et à l'image d'un juge impénétrable. Nous dirons seulement qu'il leur est difficile d'envisager sans angoisse l'heure du jugement surnaturel, car nul ne connaît assez profondément les derniers mobiles de sa conscience pour être sûr de son mérite moral et pour s'attribuer, s'il est croyant, la certitude du salut. Les hommes détachés de toute croyance religieuse peuvent envisager d'une façon moins tragique la mort, qui n'est, à leurs yeux, qu'une fonction naturelle. Sans doute leur vouloir-vivre proteste contre l'idée de l'anéantissement; mais, s'ils sont sages, ils maîtrisent cette révolte en découvrant le caractère nécessaire et rationnel de la mort. « Ne faut-il pas, disent-ils avec Épicure et Lucrèce, que les vivants se transmettent la vie les uns aux autres pour que ce flambeau, passant de main en main, ne perde jamais son éclat? » Ils ajoutent qu'il est absurde de redouter avec le vulgaire le contact de la mort, puisque, quand nous vivons, elle n'est pas, et que, lorsqu'elle est, nous ne sommes plus : ils ne voient donc dans l'épouvante qu'elle inspire que l'effet d'une contradiction de l'esprit qui associe deux idées incompatibles, l'idée du néant et celle du sentiment douloureux de ce néant.

Mais des considérations semblables, si elles détruisent la terreur de la mort, n'ôtent pas à la plupart des hommes le regret de mourir. « Je sais, peut-on répondre à Épicure, qu'aucun contact n'est possible entre la mort et moi et que, lorsqu'elle sera, je ne la connaîtrai ni n'en souffrirai ; mais ce qui m'attriste, c'est précisément que je ne serai plus, que je ne participerai plus aux joies de la vie et de la pensée. » Aussi bien la résignation calme à la mort n'est guère possible qu'à deux espèces d'hommes, aux malheureux que la vie accable et aux sages qui se sont assez désabusés des jouissances égoïstes pour considérer la disparition de leurs propres personnes comme un fait presque négligeable, et pour ne plus désirer survivre que dans leurs idées ou leurs sentiments les plus chers. En fait le vœu de l'idéaliste sincère n'est pas de durer indéfiniment lui-même, il désire seulement que l'idéal d'où lui est venue sa raison de vivre ne meure pas avec lui. A mesure qu'il avance en âge et en sagesse, la vie sensible lui devient de moins en moins précieuse ; il contemple avec pitié les absurdes batailles où l'intérêt, la vanité, la fureur de jouir ou de paraître heurtent la plupart des hommes, et s'unissant de cœur aux volontés qui, dans ce monde, tendent vers le vrai et le bien, il ne s'estime et ne s'aime lui-même que dans la mesure où il participe à leurs efforts. Lorsque ses forces s'affaissent, que sa vertu trahie par l'usure de l'organisme devient moins active et moins féconde, il ne demande qu'à laisser la place libre à de plus jeunes serviteurs du bien. Loin de repousser la mort comme une ennemie, il l'accueille comme la bienvenue le jour où elle ne prive plus d'une force précieuse la cause qu'il a servie. Il l'accepte d'autant mieux qu'il sait qu'elle ne peut rien contre les vertus qu'il a pratiquées, les services qu'il a rendus, les exemples qu'il a donnés et dont les effets se prolongent de proche en proche sous des formes diverses, sans s'éteindre jamais. Seulement cette sérénité en face de la mort doit être conquise et méritée : la forme la plus haute de la résignation humaine est la récompense d'une pensée et d'un cœur qui se sont graduellement élargis, et comme le salaire d'une générosité réfléchie qui a fini par vaincre la déraison de l'égoïsme.

La seule résignation qui ne soit pas facile à la sagesse telle que les modernes la conçoivent, c'est l'acceptation de la mort des êtres aimés. Rien ne nous choque aujourd'hui plus profondément que le précepte stoïcien qui nous conseille d'accepter la perte de nos parents ou amis avec le même calme que la destruction de n'importe quel objet. « Si tu aimes un pot de terre, déclare Épictète, dis-toi : c'est un pot de terre que j'aime ; car, s'il se casse, tu n'en seras point troublé. Si tu aimes ton fils ou ta femme, dis-toi que tu aimes un être mortel ; car, s'il meurt, tu n'en seras point troublé. » Ces paroles sont très dures et nous ne parvenons à les comprendre qu'en les replaçant dans la théologie stoïcienne. C'est Dieu, selon Épictète, qui nous a tout donné, et nous n'avons pas le droit de nous plaindre quand l'Être souverainement raisonnable reprend ce qui lui appartient : « Ton fils est mort, tu l'as rendu ; ta femme est morte, tu l'as rendue. » C'est dans le même sens qu'un chrétien très pieux, frappé dans son affection la plus chère, n'hésitera pas à dire : « Ce fils que vous m'aviez prêté, Seigneur, vous me l'avez repris ; que votre volonté soit faite, non la mienne, car votre volonté seule est sage. »

Ce langage de la résignation ne nous plaît plus aujourd'hui, sans doute parce que le profond optimisme théologique du stoïcien ou du chrétien est devenu rare. A y regarder de près, on découvrirait dans toute douleur morale comme un germe obscur d'athéisme, l'affirmation implicite que tout n'est pas pour le mieux dans le meilleur des univers ou, en d'autres termes, qu'il n'y a pas de Providence ; et c'est parce qu'aujourd'hui nous sommes presque tous des gens de peu de foi que nous ne pouvons accepter sans murmure la mort des êtres qui nous sont chers. Nous nous y résignons avec d'autant plus de peine que notre pensée moderne attache plus de prix à l'individualité. Nous avons cessé de croire qu'un homme ne vaut que s'il s'identifie avec la raison pure ou avec Dieu : l'individu nous intéresse à titre de composé sans équivalent et par l'originalité même avec laquelle il reflète l'intelligible et collabore à l'idéal. La douleur intense que nous inflige la mort de tout être aimé, dit justement Schopenhauer, vient en grande partie de ce sentiment que tout individu renferme quelque chose d'inexprimable et d'irréparable ;

nous vivrions des milliers d'années et nous connaîtrions des millions d'hommes que jamais nous ne retrouverions une personnalité identique à celle de l'ami que nous a ravi la mort. Puisque les hommes ne sont pas des esprits purs, des fantômes abstraits qui se substitueraient indifféremment les uns aux autres, mais des individualités vivantes et sentantes dont chacune a sa nature particulière et son histoire propre, l'individu auquel nous avons donné notre cœur ne peut disparaître sans laisser en nous un vide douloureux que rien ne saurait combler.

Et c'est pourquoi tout ce qu'une sagesse humaine nous conseille en présence de la mort des êtres aimés, c'est de nous défendre, non contre la souffrance, mais contre le désespoir. L'homme de cœur et de raison qui a été frappé dans une affection profonde ne cherche pas à se soustraire à sa douleur, car il la sait à la fois naturelle et rationnelle, mais il s'applique à la moraliser et à la transfigurer par le sentiment du bien qui lui reste à faire, et qu'il fera sans défaillance, souvent pour rester fidèle à celui qu'il pleure. La récompense ordinaire de son effort est l'apaisement graduel de sa douleur à mesure qu'elle s'élève et s'ennoblit; le souvenir du mort, au lieu d'être une peine qui déprime et paralyse, devient une sorte de religion grave qui soutient le courage et fournit des raisons de persister à vivre. Ce n'est donc que dans une moralité très haute que l'homme dont la vie a déchiré le cœur peut puiser la force de se tenir debout sous ses blessures.

Jusqu'à présent nous n'avons parlé que de la résignation imposée à l'homme par les maux nécessaires ou accidentels de la vie. Il nous reste à parler de celle dont l'individu trouve en lui-même l'occasion. Il y aura toujours dans l'avenir, comme il y a toujours eu dans le passé, des êtres diversement et inégalement doués, et c'est une hypothèse ridicule que de supposer un ordre de choses où tous les hommes auraient la même vigueur mentale et toutes les femmes, la même beauté. Or, tant qu'il existera dans le monde des inférieurs et des supérieurs, les inférieurs n'auront quelque chance d'être heureux que si, tout en tirant de leurs facultés le meilleur parti possible, ils acceptent les limites que ces facultés ne peuvent franchir. Cette sincère acceptation par l'individu de ce qu'il est et de ce qu'il peut n'est pas chose commune. On rencontre chaque jour des hommes sans talent ou d'un talent médiocre qui voudraient rivaliser avec Michel-Ange ou Mirabeau, Beethoven ou Victor Hugo. Leur défaut de résignation les rend doublement malheureux : ils sont malheureux d'abord parce que leur ambition irrite sans cesse le sentiment d'infériorité qui pèse à leur amour-propre et qu'ils ne parviennent pas à fuir ; ils le sont ensuite, parce que, pour se dissimuler leur infériorité, ils travaillent de toutes leurs forces à se singulariser, et qu'en violentant leur nature ils produisent des œuvres artificielles et misérables qui la montrent plus infirme qu'elle ne l'est peut-être en réalité.

Taine a signalé cette misère morale de la médiocrité aux aspirations infinies et impuissantes qui fut si commune dans la première moitié du xixe siècle, sous l'influence des héros romantiques, René, Manfred, Werther, Rolla, Lelia. Pendant trente ans, dit-il, tout jeune homme fut « un Hamlet au petit pied..., douteur, amer, ayant besoin de bonheur, regardant au bout de ses bottes pour voir si, par hasard, il n'y trouverait pas le système du monde, entrechoquant les mots Dieu, nature, humanité, idéal, synthèse, et finissant par se laisser choir dans quelque métier ou dans quelque plaisir machinal, dans les coulisses de la Bourse ou de l'Opéra ». Le mal dont se plaignait Taine n'a pas disparu, peut-être même, en changeant un peu de forme, s'est-il aggravé : c'est par milliers aujourd'hui qu'on compterait dans une grande capitale les individus qui rêvent et s'efforcent d'être des « surhommes », et que leurs facultés destinaient à des fonctions modestes en des magasins de province. Les déclassés vont augmentant sans cesse leur armée malheureuse, si inquiétante pour la paix sociale ; et les maux qu'ils subissent, comme ceux qu'ils engendrent, viennent uniquement de ce qu'ils ne veulent pas se résigner à leurs aptitudes véritables et les orienter vers les emplois qui leur conviennent. La contre-épreuve de cette vérité nous est fournie par les gens qui, de bonne heure, ont su se connaître, déterminer la nature et les bornes de leurs dispositions et de leurs facultés et se préparer aux tâches pour lesquelles ils étaient faits : ils sont presque toujours les plus heureux ou les moins malheureux des hommes. Un acte de résignation, mais de résignation clairvoyante et courageuse, se trouve habituellement à l'origine des existences les mieux équilibrées et les plus enviables.

C'est que l'homme qui s'est résigné à ses facultés se résigne aussi à sa condition sociale, pourvu que celle-ci ne fasse pas contraste avec celles-là : l'acceptation des limites qu'il rencontre en lui-même, lui rend plus aisée l'acceptation des limites qu'il rencontre au dehors. C'est là encore une résignation peu banale : combien de gens se trouvent mal à l'aise dans une condition qui s'accorde tout à fait avec l'humilité de leurs aptitudes naturelles ! Employés de magasins, comptables, petits commerçants, fonctionnaires jugent trop souvent leur sort misérable alors même qu'il s'ajuste au niveau de leurs capacités ou, quelquefois, le dépasse. Ce qui contribue à les égarer, c'est une idée fausse du bonheur : ils ne le conçoivent que dans la richesse, persuadés qu'une grande fortune leur permettrait de déployer tous les mérites qu'ils s'attribuent et de se procurer toutes les jouissances dont ils se croient dignes. Plusieurs estiment que la vie n'a de prix que pour un Rothschild ou un Rockefeller, et volontiers ils diraient avec le héros de Musset :

> O médiocrité, celui qui pour tout bien
> T'apporte à ce tripot dégoûtant de la vie
> Est bien poltron au jeu s'il ne dit : tout ou rien.

Cette révolte contre une condition économique modeste n'est pourtant qu'une erreur mille fois dénoncée par les moralistes. La fortune est sûrement une condition de bonheur pour les hommes intelligents et généreux qui savent en faire un noble usage ; elle est plutôt un mal pour les jouisseurs vulgaires qu'elle jette dans une existence folle qui leur apporte dix peines pour un plaisir et qui les conduit presque tous au dégoût d'eux-mêmes et de la vie. Le don le plus appréciable de la fortune est sans doute l'indépendance ; mais, dans une société civilisée et libérale, les hommes qui veulent résolument être libres, au sens rationnel de ce mot, parviennent presque toujours, même sans fortune, à faire respecter leurs libertés légitimes ; et, d'autre part, beaucoup de riches aliènent leur indépendance en compliquant inutilement leur vie d'un attirail d'obligations vaines qui ne sont que des servitudes. Guyau observe avec raison que, quelque prix qu'elle ait, la fortune « n'est pourtant pas sans commune mesure avec le reste. Proposez à un pauvre de le rendre millionnaire en lui donnant la goutte, il refusera s'il a l'ombre de raison. Proposez-lui d'être riche sous la condition d'être bancal ou bossu, il refusera probablement aussi, surtout s'il est jeune ; toutes les femmes refuseraient. » Ainsi le privilège du riche n'est qu'une des conditions nombreuses dont le bonheur dépend, une condition nullement nécessaire et que ceux à qui elle manque peuvent remplacer par d'autres, plus efficaces. Lorsque les hommes sans fortune ou d'une aisance très modeste envisagent la question avec sang-froid, ils découvrent sans peine mille réflexions capables de les délivrer de l'envie, c'est-à-dire d'une des plus cruelles souffrances qui existent, et de leur assurer la paix intérieure.

Ce n'est pas seulement à la pauvreté qu'il faut que la plupart des hommes se résignent, c'est aussi au manque de distinction du métier qui les fait vivre. Les professions ne jouissent pas d'une estime égale : le métier de portefaix passe pour moins honorable que celui de mécanicien, et la fonction du policier n'a pas le même prestige que celle du magistrat. L'enseignement tel qu'il est organisé en France comporte une hiérarchie sociale : l'opinion attribue au professeur de lycée une tâche plus relevée qu'à l'instituteur, et investit le professeur de Faculté d'une autorité éminente qu'elle refuse au professeur de lycée. Or, le souci d'une distinction sociale très souvent artificielle entraîne des souffrances sans nombre. En veut-on un exemple assez fréquent dans certains milieux ? Un homme marié et père de famille occupe dans une administration secondaire un emploi qui suffit à ses besoins et aux besoins des siens. Mais sa femme, qui est ambitieuse, au mauvais sens du mot, et qui a le culte de toute distinction apparente, supporte mal d'être la femme d'un homme qui occupe un poste sans éclat. Pour répondre aux exigences de cette vanité, le mari cherchera dans quelque colonie des antipodes une situation plus honorifique ; il sera inspecteur, contrôleur, chef d'un service quelconque, et si ses appointements plus élevés doivent s'absorber dans les frais d'une installation double, l'une, à la colonie, pour lui-même, l'autre, dans la mère patrie, pour sa famille, il donnera du moins à sa femme le contentement d'inscrire sur ses cartes de visite un titre qui la rehaussera dans l'estime des dames de la « société ». Le malheureux souffrira peut-être cruellement d'avoir perdu les joies de la famille : et qui sait si ses enfants, loin de lui, ne vont pas se corrompre et se gâter? N'importe! Il aura la satisfaction de les avoir élevés d'un degré sur une échelle sociale qui, pour un homme de sens, ne figure qu'une hiérarchie de convention.

Le poison qui ravage ainsi beaucoup d'existences est une vanité absurde qui ne sait pas se résigner. Un instituteur ne se console pas de n'avoir pu être professeur de lycée : un peu de bon sens ne lui ferait-il pas comprendre que, si le professeur de lycée a le prestige d'une instruction supérieure, plus instruit ne veut pas forcément dire plus intelligent, et que ce qui importe à la dignité d'un homme, c'est l'intelligence, c'est surtout le caractère, dont la qualité ne se mesure pas au degré d'instruction? De même, le professeur de lycée a tort s'il envie la destinée du professeur d'enseignement supérieur : la tâche que celui-ci se donne d'aider à l'avancement de la science n'est pas moins difficile que haute, et ceux qui y réussissent, les Pasteur ou les Fustel de Coulanges, sont rares; en revanche l'éducateur qui a quelque originalité dans l'esprit peut toujours en marquer l'empreinte sur des livres ou des articles ou, s'il n'a pas le temps d'écrire, sur les leçons journalières par lesquelles il forme la raison et la conscience de ses élèves. Là, comme partout, l'individu trop tenté de regarder au-dessus de lui et de juger son existence perdue parce qu'il n'a pas rempli les fonctions jugées les plus hautes, trouve un motif assuré de résignation dans la maxime sans cesse répétée, mais toujours méconnue, que c'est surtout la valeur de l'individu qui fait la valeur de la fonction.

Nous avons supposé plus haut, pour justifier la résignation, que la nature et la condition de l'individu s'accordent ou, du moins, qu'il n'y a pas entre elles un désaccord violent. Mais ce désaccord, s'il se produit moins souvent que les vaniteux ne l'imaginent, se produit parfois : il existe des vocations manquées, et surtout il y a des hommes qui n'ont réalisé qu'une partie de leur vocation. Taine raconte que son ami Wepke était né géomètre et que c'est par erreur qu'il avait tourné sa vie vers l'histoire : cet exemple n'est certainement pas unique. Des savants se sont voués à des recherches d'érudition spéciale en s'interdisant comme prématurées les spéculations philosophiques vers lesquelles les portaient des goûts très vifs. Il arrive aussi que l'homme qui se consacre à la vie intellectuelle sous la forme scientifique ou philosophique souffre de sentir en lui des facultés d'action qu'il laisse sans emploi. On connaît la plainte que Michelet élève contre une éducation artificielle « qui subtilise en nous l'esprit aux dépens des facultés actives, fait de chacun de nous une moitié d'homme, moitié spéculative qui, pour faire l'homme complet, attend l'autre moitié, la moitié d'instinct et d'action ». D'autres fois, ce n'est pas les facultés actives, mais les facultés affectives que la condition qu'on subit ou qu'on a choisie refuse de satisfaire. Rappelons-nous l'aveu si touchant de La Bruyère : « Il y a quelquefois, dans le cours de la vie, de si chers plaisirs et de si tendres engagements que l'on nous défend qu'il est naturel de désirer au moins qu'ils fussent permis ; de si grands charmes ne peuvent être surpassés que par celui de savoir y renoncer par vertu. »

La Bruyère indique, avec le mal, le remède : l'homme à qui s'impose la nécessité de sacrifier une partie de sa nature peut trouver une joie exceptionnelle dans la vie plus haute à laquelle l'élèvent l'intelligence et l'acceptation de cette nécessité. L'érudit qui, par respect pour la spéculation philosophique, renonce à formuler des vues d'ensemble qu'il juge n'être pas mûres, se donne à lui-même un sentiment plus profond de la dignité de la vie spéculative que tel constructeur téméraire de systèmes à priori. Le savant ou le philosophe qui regrette les risques et les joies de l'action peut calmer ses regrets s'il songe que la vie intellectuelle est plus pure que la vie active, qui ne peut éviter de transiger avec la sottise et la bassesse des hommes, et s'il réfléchit, d'autre part, que la vie intellectuelle est elle-même une forme de l'action, que les vérités de la science ou de la philosophie sont, comme le disait Descartes, des batailles gagnées et qu'elles exigent des vertus d'initiative, d'ingéniosité, de patience et de courage au moins égales à celles que réclament les combats de la politique ou de l'industrie. Il est plus pénible de renoncer à satisfaire certains besoins du cœur que de consentir à laisser sans satisfaction des besoins de l'intelligence ou même de la volonté ; et cependant le cœur, lu. aussi, a intérêt à se résigner si le devoir le lui commande : la femme qui se défend contre un entraînement instinctif goûte mieux ce qu'il y a d'humain et d'éternellement désirable dans les émotions de l'amour que celle qui, cédant à un vertige passionnel, abandonne d'une façon peut-être définitive l'empire qu'elle avait sur elle-même et diminue à jamais le prix de sa personnalité. Il est rare qu'une âme même vulgaire n'ait pas l'occasion de regretter les défaillances auxquelles elle a consenti ; une âme noble ne regrette jamais d'avoir porté sans faiblir les souffrances passagères que son idéal lui infligeait.

On voit comment la résignation doit intervenir pour faire accepter à l'individu les limites nécessaires et les contrariétés inévitables que lui imposent les lois générales de l'existence et les conditions particulières de sa vie. C'est dire que la sagesse prescrit à l'homme de borner ses exigences en matière de bonheur. Les biens de la vie, mis à profit par l'homme d'énergie et de raison, suffisent pour qu'il vaille la peine de vivre ; mais ils n'apportent, même aux mieux doués et aux plus favorisés par le sort, qu'une félicité humaine, c'est-à-dire incomplète et hasardeuse, d'autant moins hasardeuse seulement et surtout d'autant plus profonde que la sagesse est plus haute. Se persuader que le bonheur accessible à l'homme a des limites, mobiles sans doute, mais qui ne peuvent reculer à l'infini, telle est la condition première du bonheur; et, comme cette attitude mentale est déjà la résignation en son acte essentiel et, pour ainsi dire, en son principe, nous y trouvons une raison nouvelle de maintenir contre ceux des modernes qui dédaignent à l'excès les leçons de la sagesse antique l'éternelle nécessité de la résignation

VIII. — LA JUSTICE

La première et la plus essentielle de nos obligations envers nos semblables est la justice. En quoi consiste-t-elle ? Elle présente des formes multiples et enveloppe une pluralité d'espèces ; quel caractère ou élément commun se retrouve en toutes ? Et comment, par suite, convient-il de la définir ?

Écartons la définition banale qui la réduit au respect des contrats. Cette définition ne convient qu'à la justice économique, à cette justice d'échange dont Aristote a déterminé la loi. On sait que le commerce élimine ou tend à éliminer la considération des personnes et de leurs qualités morales pour ne tenir compte que la valeur des objets échangés. Je possède un objet dont vous avez besoin et qui m'est inutile, vous en avez produit un autre qui me rendrait service : nous les échangeons, et l'opération nous paraît juste si elle nous satisfait également. Une équivalence des choses déterminée par un équilibre d'égoïsmes qui tendent vers des fins différentes, telle est, en son essence première, la justice économique. Ne serait-il pas absurde de ramener à cette équivalence toute la justice puisque, à côté de biens matériels, il existe des biens moraux? Si l'échange de deux objets d'une valeur égale est une opération juste, c'est aussi faire acte de justice que de respecter les croyances, les sentiments, la liberté d'autrui. De plus, le progrès de la réflexion morale soumet la justice économique au contrôle de la justice plus haute qui exige le respect de la personnalité humaine, et tout homme éclairé considère comme iniques des échanges même volontaires, lorsqu'ils ont été consentis sous l'empire d'institutions que la conscience n'approuve pas. Aujourd'hui nous ne tenons un contrat pour vraiment juste que si, des deux contractants, l'un ne se trouve pas à la merci de l'autre ou, en d'autres termes, s'ils sont également libres.

Définirons-nous donc la justice comme la loi d'égale liberté? C'est la définition que Kant en donne : « Toute action est juste, dit-il, qui permet à la liberté de chacun de s'accorder, selon une loi générale, avec la liberté de tous ». Il est remarquable que cette défition du plus profond des idéalistes modernes se retrouve chez le plus vigoureux des penseurs naturalistes du XIX° siècle, chez Herbert Spencer : nous agissons justement, selon Spencer, chaque fois que notre libre activité « n'enfreint pas la liberté égale de n'importe quel homme ». Cette formule, où se rencontrent deux philosophes de tendances si contraires, semble justifiée par les faits. Tous les actes qu'on appelle ordinairement justes s'y réduisent sans trop de peine.

Je suis injuste si j'attente à la vie, à la propriété, à l'honneur d'autrui : c'est que, ne consentant pas moi-même à être tué, volé, déshonoré, je m'attribue par mes actes une liberté que je refuse aux autres. Pareillement je commets une injustice en déclinant les charges d'un contrat dont j'ai accepté les avantages, parce que je m'arroge une liberté dont se prive l'homme avec qui je me suis engagé. Pour la même raison j'agis injustement si, après avoir reçu de mon voisin un libre service, je lui refuse un service de même nature. Comme la justice individuelle, la justice sociale paraît réductible au principe d'égale liberté : n'est-ce pas ce principe que proclame notre Déclaration révolutionnaire des droits lorsqu'elle exige que tous les citoyens soient également « admissibles à toutes dignités, places et emplois, sans autre distinction que celle de leurs mérites et de leurs vertus » ? Actuellement, si les socialistes demandent, au nom de la justice, que tous aient accès à la propriété, et s'ils veulent que le capital reçoive la seule forme qui puisse, d'après eux, le rendre communicable à tous, la forme collective, n'est-ce pas encore le principe d'égale liberté qu'ils invoquent ?

On a pourtant reproché à la définition de Kant et de Spencer d'être trop étroite, et l'on a prétendu que la notion de liberté n'entre pas nécessairement dans la notion de justice. L'égale liberté, dit-on, est juste, mais une servitude égale imposée à tous n'aurait-elle pas droit à la même qualification ? Le service militaire apparaît aux hommes de ce temps comme une dure contrainte imposée par la société à l'individu, et cependant ils ne l'estiment pas injuste s'il pèse également sur tous. L'idée de justice enveloppe donc l'idée d'égalité, non celle de liberté. — Elle comprend, selon nous, l'une aussi bien que l'autre : justice n'est pas simplement synonyme d'égalité. Spencer observe avec raison que la justice n'est nullement satisfaite si Pierre, frappé par Paul, le frappe à son tour, ou si Jean, après avoir envahi la propriété de Jacques, subit de la part de Jacques une violence semblable et égale. La justice n'est pas une « compensation d'injustices », et la loi du talion n'a de crédit qu'auprès des sociétés barbares. Dès que la réflexion s'applique aux notions morales, elle découvre que l'égalité, pour être juste, doit assurer à chacun et à tous, d'une façon directe ou indirecte, le maximum d'indépendance et de puissance. Le service militaire universel et d'une durée égale pour tous est juste, non comme servitude commune, mais comme condition d'une sécurité commune et d'une commune liberté. Des charges fiscales qu'un autocrate répartit selon une loi d'égalité proportionnelle sont iniques si elles dépassent les exigences des services publics et entretiennent des nobles de cour ou des fonctionnaires parasites. Ainsi l'égalité n'est justice que lorsqu'elle suit une certaine direction et va dans le sens de la vie la plus libre et la plus haute. Il est donc faux de dire avec un moraliste contemporain que, « si nous n'assignions à la morale d'autre fin que la justice, nous ne pourrions condamner ni une mesure qui tendrait à accroître la somme des souffrances humaines ou à diminuer la durée moyenne de la vie, du moment que tous seraient frappés également, ni une aggravation inutile des charges militaires ou fiscales, dès qu'elles seraient équitablement réparties ».

Il suit des réflexions précédentes que la définition de Kant et de Spencer, loin d'être insuffisamment large, a plutôt besoin d'être précisée. D'abord l'égale liberté n'est rationnelle et juste qu'à condition de s'accorder avec les nécessités de la vie sociale. Nul n'admet qu'un pays où tous les citoyens seraient libres de se voler et de se tuer les uns les autres pratiquerait la loi de justice. Et nul ne doit tenir pour justes des législateurs qui accordent à une population, dont la majeure partie sait mal se gouverner elle-même, la faculté de se détruire par la consommation sans entraves de poisons tels que l'absinthe : en réalité ces législateurs commettent, peut-être sans s'en douter, un effroyable crime. Prenons un exemple dans un autre ordre, dans l'ordre économique. On y entend la liberté diversement, et surtout en deux sens principaux : ou on la conçoit comme la libre concurrence d'individus isolés qui n'ont pas le droit de s'associer, selon la doctrine que firent adopter à nos législateurs de 1789 les abus du régime corporatif; ou bien on la fait consister de préférence dans la liberté d'association, dans la faculté de se syndiquer et de coopérer de façons diverses, selon la théorie qui, depuis un quart de siècle, a passé dans nos lois. Or si l'on constate que la liberté strictement individuelle produit l'assujettissement à une aristocratie financière et la dégradation à la fois sociale et morale de la classe qui travaille, et que la liberté syndicale et coopérative fournit à la même classe le moyen de grandir socialement, de s'émanciper intellectuellement et de se discipliner moralement, il faut dire de celle-là qu'elle est inique et de celle-ci qu'elle répond seule aux exigences de la justice. Mais le souci exclusif de la dignité humaine peut être lui-même une cause d'injustice si, pour assurer aux individus les conditions d'une existence plus élevée, il abolit des arrangements sociaux que l'imperfection intellectuelle et morale de la plupart des hommes rend provisoirement nécessaires : un idéalisme qui tue un peuple en voulant l'émanciper est incontestablement criminel. Il en résulte que la justice consiste à reconnaître et à respecter chez tous également une liberté qui s'accorde avec les exigences de la dignité humaine et les nécessités de la vie sociale ou, plus précisément, qui satisfait les premières dans la mesure compatible avec les secondes. Est juste toute action ou institution qui respecte impartialement chez les individus humains les libertés que réclame leur dignité d'hommes et que n'excluent pas les conditions de la vie en société.

Après avoir indiqué le contenu essentiel de la notion de justice, essayons d'en déterminer l'origine. Puisque l'idée de justice suppose une liberté que l'individu revendique pour lui-même comme pour les autres, elle doit compter parmi ses facteurs des sentiments égoïstes. En fait, par cela seul que l'homme considère sa vie comme un bien et qu'il ne peut vivre s'il ne garde pas la liberté de ses mouvements, il repousse les contraintes dont il n'aperçoit pas la nécessité, et déclare injuste tout ce qui, sans raison sociale apparente, diminue ou menace de diminuer sa sphère d'action. Spencer a très bien raconté l'histoire de ce sentiment égoïste de la justice. Au plus bas degré, dit-il, il proteste contre ce qui empêche l'individu de faire usage de sa force physique et de recueillir les avantages que normalement elle lui procure. Puis, il s'élargit à mesure que progressent les facultés mentales. Après avoir réagi contre des empiétements directs et violents, il réagit contre des atteintes moins brutales, et c'est ainsi qu'on le voit souvent protester contre l'excès de la sujétion politique ou contre le poids trop lourd des charges fiscales. A un degré supérieur, il devient incapable de supporter les privilèges de classe qui produisent ou favorisent des injustices de toute sorte, jusqu'à ce qu'enfin « ce sentiment, si peu développé chez le nègre qu'il raille son compagnon émancipé d'avoir perdu la protection de son maître, se développe à l'extrême. L'Anglais, par exemple, proteste avec violence contre la plus légère infraction à la procédure du parlement ou d'un meeting public : cette infraction, en elle-même, ne le touche en rien, mais elle pourrait, d'une manière détournée et indirecte, conférer quelque pouvoir à une autorité quelconque qui, peut-être un jour, lui imposerait des charges ou des restrictions imprévues ».

Ce que Spencer néglige de dire et ce qu'il importe

d'ajouter, c'est que les exigences de l'individualité humaine, à mesure qu'elle s'enrichit, se modifient en espèce et en qualité : lorsque l'homme devient capable de penser avec indépendance et de se gouverner selon sa pensée propre, il prend conscience de sa noblesse intime et, s'attachant à ses croyances et à ses opinions avec la même force qui l'attachait d'abord à ses moyens et conditions d'existence physiques et économiques, il repousse comme une brutale injustice tout ce qui atteint sa dignité d'être conscient et intelligent. En d'autres termes, le progrès des facultés mentales conduit peu à peu l'instinct de conservation personnelle vers cette forme supérieure où il veut, avant tout, maintenir intacte la liberté de l'esprit.

Mais, sous une forme humble ou haute, un sentiment personnel se rencontre toujours à la base du sentiment et de la notion de la justice : les libertés que l'individu exige en droit sont les libertés qu'il exerce ou veut exercer, et l'on voit que les hommes sentent d'autant mieux l'injustice subie par un de leurs semblables qu'ils aiment personnellement davantage et sentent plus fortement menacée en eux-mêmes l'espèce particulière d'activité qui a été violentée en autrui. Le plus sûr moyen de réveiller chez la plupart des gens un sentiment assoupi de justice est d'inquiéter leur souci de liberté personnelle en leur faisant voir que l'iniquité qui frappe un indifférent peut les atteindre à leur tour. Au surplus, puisque nul ne peut sympathiser avec des sentiments qu'il n'a pas éprouvés et que, par suite, il ignore, le goût de la liberté pour soi précède forcément le goût de la liberté pour les autres, et c'est ainsi qu'un désir personnel prend place au premier rang des causes du sentiment de la justice.

Mais pour que ce sentiment naisse, il faut que l'altruisme intervienne et associe son influence à celle de l'égoïsme. Je ne puis m'élever au sentiment et à la notion de justice que si je suis capable de sympathiser avec les autres et de désirer pour eux la liberté que je revendique pour moi. Si j'aime à vivre d'une façon indépendante et si je secoue volontiers le joug des usages du monde, une sympathie naturelle me portera sans doute à réclamer le droit à l'indépendance pour les non-conformistes en général, même pour ceux dont le non-conformisme se manifeste par une conduite très différente de la mienne. Si je tiens avec force à ma liberté de conscience en matière religieuse ou philosophique, il suffit que je sois doué de quelque générosité pour que je souhaite à mes contradicteurs en religion ou en philosophie une liberté sans laquelle je ne conçois personnellement ni dignité ni bonheur. Un homme de cœur ne peut sans souffrance se représenter les autres privés d'un bien qui lui est cher et qu'il sait leur être cher comme à lui. Il s'indigne si on lui ôte ce bien ; il s'indignera également si on le leur enlève, et cette colère généreuse entrera pour une grand part dans son sentiment blessé de la justice.

Au reste, l'histoire nous montre que le progrès de l'altruisme est un des facteurs essentiels qui déterminent le progrès de la notion du juste. Chaque fois que, dans une société quelconque, les hommes qui font partie de la classe dirigeante se tournent avec sympathie vers la classe dirigée et prennent conscience du sort misérable qu'elle subit, ils lui découvrent une dignité et des droits que d'abord ils lui refusaient. C'est ainsi qu'en France, sous l'empire de larges sentiments humains propagés par la philosophie et la littérature, il a paru juste d'accorder au peuple, d'abord la liberté civile, puis la liberté politique et, plus tard, la liberté de se syndiquer et de coopérer. Lorsque le socialisme contemporain prétend appuyer les nouveaux droits qu'il réclame pour le prolétariat sur des principes exclusivement scientifiques et qu'il raille les utopies des idéalistes humanitaires, il méconnaît sa propre nature : ceux de ses théoriciens qui comptent s'inspirent de motifs altruistes et leur doctrine reste foncièrement sentimentale. C'est surtout au cœur des hommes de bonne volonté qu'elle s'adresse lorsqu'elle leur demande de travailler à établir un ordre de choses qui libérera le prolétariat asservi et le fera participer à une vie réellement humaine. Les promoteurs mêmes du matérialisme historique, Marx et Engels, parlent plus d'une fois en idéalistes. « Ce que nous voulons, disent-ils dans leur *Manifeste communiste*, c'est supprimer ce triste mode d'appropriation qui fait que l'ouvrier ne vit que pour accroître le capital... Dans la société bourgeoise le travail vivant n'est qu'un moyen d'accroître le travail accumulé ; dans la société communiste, le travail accumulé sera un moyen d'élargir, d'enrichir et d'embellir l'existence. » Illusoire ou non, l'idéal d'une société rationnelle et juste que conçoivent les socialistes procède donc d'une noble sympathie qui demande que l'ouvrier cesse d'être un instrument au service du capital, et que le capital devienne un instrument au service de la plus haute vie physique et intellectuelle de l'ouvrier. On pourrait prendre d'autres exemples, ils prouveraient comme celui-ci que l'altruisme se retrouve sous la justice et qu'il l'élargit en se développant.

Nous venons de voir que le sentiment et la notion de justice dépendent de l'égoïsme, qui exige pour l'individu la plus grande liberté possible, et de l'altruisme, qui souhaite pour les individus ou les groupes avec lesquels il sympathise une semblable liberté. Mais le sentiment de la justice n'est pas simplement une impulsion sensible ou une synthèse d'impulsions sensibles, il a un caractère hautement intellectuel et n'existe que par la raison. Supposez qu'un égoïsme aveugle nous dirige, nous pourrons vouloir la liberté pour nous, non pour les autres; ajoutez à l'égoïsme la sympathie, une sympathie que l'intelligence n'éclaire ni ne discipline, nous voudrons la liberté pour d'autres hommes, mais pour ceux-là seuls que nous aimons. Beaucoup d'hommes ne dépassent pas cette phase inférieure de la vie morale ou plutôt cette phase antérieure à la moralité : « la liberté pour nous et nos amis », telle est leur maxime secrète, et cette maxime n'est sûrement pas celle de la justice. Pour que j'aie le véritable sentiment de la justice, il faut que je désire et juge désirable l'attribution à tous d'une égale liberté. Mais c'est la raison qui me fait comprendre qu'un tel objet mérite d'être désiré, c'est elle qui me montre qu'en réclamant pour chacun toute la liberté compatible avec l'égale liberté des autres, je pose la condition la plus favorable au maintien d'une société dont tous les membres sont des unités conscientes, et la seule condition sous laquelle je puisse faire accueillir par le plus grand nombre le vœu de liberté que je forme pour mes amis et moi. Des hommes qui réfléchissent ne peuvent aimer et vouloir une société qui les opprime sous le poids de privilèges institués en faveur d'une classe ou d'un groupe, et nul de nous n'oserait demander à l'ensemble de ses associés de faire respecter en lui une liberté qu'il ne revendiquerait pas pour tous.

La raison nous conduit d'une autre façon encore à la justice. L'individu intelligent qui juge la raison respectable en lui-même ne peut pas ne pas la juger respectable chez les autres : la faculté qui le rend capable de gouverner et de perfectionner sa nature confère une égale capacité à ses semblables, et, en reconnaissant la dignité de la raison en tout homme, il se place naturellement à ce point de vue de la justice sous lequel, pour parler le langage de Kant, l'humanité apparaît en chaque individu comme une fin et non comme un moyen. Sans doute il n'ignore pas que les hommes sont inégalement raisonnables et, dans les relations qu'il entretient avec eux, il se garde de les placer tous au même rang; mais comme il ne connaît avec certitude ni la nature individuelle, ni les ressources mentales et morales, ni l'avenir possible de chacun, il estime qu'il convient d'assurer à tous d'égales possibilités de développement : et il affirme ainsi la justice sans aucune spéculation métaphysique sur la raison ou la liberté. L'idée de justice est donc doublement un produit de la raison, puisque nous la concevons comme la condition rationnelle de la vie sociale pour des êtres qui réfléchissent et comme l'exigence rationnelle de la dignité que le pouvoir de se gouverner et de se réformer soi-même attribue à tout individu intelligent.

Expliquer comment naît l'idée de justice, c'est comprendre qu'elle évolue et pourquoi elle évolue. Puisque les facteurs qui la suscitent ne sont pas immuables, mais se modifient, il est nécessaire qu'elle reflète en son contenu leurs modifications. Nous savons par une leçon précédente que la raison progresse, soit qu'elle découvre de nouveaux principes, soit qu'elle tire des principes établis de nouvelles conséquences. D'autre part, il est visible que les sentiments égoïstes se développent avec les sources nouvelles de jouissance ouvertes par la civilisation, et que les sentiments altruistes suivent normalement dans leur devenir le progrès des sentiments égoïstes qui leur correspondent et celui des facultés représentatives qui nous font percevoir ou imaginer les joies ou les peines d'autrui. L'évolution de l'idée de justice résulte infailliblement de la triple évolution de l'égoïsme, de l'altruisme et de la raison.

Et nous n'avons aucun motif de croire qu'elle soit parvenue à son dernier terme. En effet, la justice, envisagée à un certain point de vue, est une réaction, d'ailleurs naturelle, contre la nature, et nous ne pouvons dire d'avance à quelle limite cette réaction s'arrêtera. Il est certain qu'à mesure que, sous l'influence de la vie sociale, nous devenons des hommes, nous répugnons davantage à vivre selon la loi des brutes. La nature n'impose aucune borne à l'égoïsme des animaux, tout au moins des animaux qui ne vivent pas en société; leur droit se mesure à leur puissance et ne respecte la vie d'aucun concurrent plus faible. La justice humaine abolit cette loi primitive en délivrant les faibles d'une des conséquences de leur infériorité : elle oblige les forts à respecter des existences ou des activités qu'ils pourraient supprimer ou opprimer. Le régime d'égale liberté qu'elle institue est une innovation bienfaisante qui permet aux plus mal doués de vivre et de se faire dans le milieu social une condition très médiocre sans doute, mais à peu près proportionnée à leur valeur. Seulement cette innovation n'est peut-être pas la dernière, et rien ne nous autorise à tenir pour définitif notre régime du droit. Après avoir commencé à se libérer de la nature, pourquoi la justice humaine ne poursuivrait-elle pas son œuvre de libération et, considérant que les êtres inférieurs ne sont pas responsables de leur infériorité native, ne finirait-elle pas par réclamer pour leur activité moindre un salaire égal à celui que procure aux supérieurs une activité plus riche et plus féconde ?

Cet égalitarisme n'a pas eu d'adversaire plus intraitable que Spencer, et cependant Spencer lui-même a paru l'accepter au moins une fois, puisqu'il a écrit dans son livre sur la *Bienfaisance* les lignes suivantes : « S'il est juste d'atténuer artificiellement pour les hommes associés les rigueurs de la nature et d'assurer artificiellement aux inférieurs une arène ouverte à leurs activités, pourquoi la justice ne permettrait-elle pas d'aller plus loin et de les sauver de ceux des effets fâcheux de leur infériorité qui peuvent être artificiellement écartés ? » Nous concevons, en effet, dans l'avenir lointain une humanité meilleure que la nôtre dont les membres les plus intelligents et les plus énergiques reconnaîtraient dans leur supériorité naturelle une sorte d'injustice de la nature, et n'admettraient pas que la société aggravât à leur profit cette injustice en leur accordant une plus haute récompense qu'à leurs semblables moins heureusement doués. Notre justice d'aujourd'hui est en partie fonction de l'égoïsme de l'élite, que l'espoir d'un salaire exceptionnel peut seul décider à fournir tout l'effort socialement utile dont elle est capable ; mais on doit prévoir le jour où, dans une civilisation plus riche et qui aura moins besoin de stimuler l'activité productive, une élite plus profondément généreuse et humaine fera triompher l'idéal de répartition des biens que les démocrates niveleurs voudraient follement réaliser aujourd'hui. Parmi les suppositions diverses qu'on peut faire sur le développement futur de nos idées morales, une seule est interdite par la science : c'est l'hypothèse que le changement de leurs causes, qu'on sait inévitable, ne les changera pas.

Mais si nous croyons au devenir des idées morales, ce n'est pas pour en tirer une conclusion sceptique. Au contraire nous n'avons insisté sur les explications qui rendent intelligible la genèse de l'idée de justice que parce que, bien comprises, elles doivent fortifier et non affaiblir l'autorité de cette idée. Ceux-là sont dupes d'un préjugé qui affirment qu'il est dangereux de montrer dans les idées morales les produits de causes naturelles, comme si une grande notion dont on a découvert les racines et raconté l'histoire devait forcément perdre son caractère auguste et vénérable. Sans doute un esprit superstitieux n'accorde son respect qu'à ce qui est obscur et ne vénère qu'à condition de ne pas comprendre, mais il en est tout autrement de l'homme formé par une culture rationnelle : il ne s'incline sans réserve que devant ce qui satisfait sa raison. Or précisément l'idée de justice est une idée très hautement intelligible, qu'on ne peut expliquer sans la justifier du même coup. Nous avons vu qu'elle est le produit des facultés humaines et qu'elle exprime l'homme même en tant qu'il développe harmonieusement ses exigences personnelles de liberté, ses inclinations altruistes et sa raison. C'est en s'élevant à l'humanité que l'individu conçoit la justice, et il ne peut renoncer à être juste qu'en renonçant à vivre selon ce qu'il y a d'humain en lui. Comment donc serait-il possible à qui connaît les origines de la justice de la traiter comme une idée conventionnelle et indigne de respect ? En vérité, rien ne ressemble moins à une convention, puisque la justice se confond avec notre nature envisagée dans sa direction normale, dans la loi qu'elle se donne en se réalisant. Prétendre que, parce qu'elle évolue comme toute chose naturelle, elle n'est pas fondée en raison, c'est identifier faussement le rationnel pratique avec ce qui échappe au devenir et, par cela même, aux conditions de la vie : rien n'est étranger à la vie qui ne soit étranger à la raison.

L'évolution même de la justice prouve sa rationalité : car ce qui fait passer les hommes d'une idée du droit à une autre, c'est un effort de la vie en progrès. En veut-on un exemple ? Dans l'ordre social la justice évolue de deux façons différentes. Tantôt elle gagne en étendue ou, selon le langage de l'école, en « extension » ; elle s'applique à des groupes d'hommes qu'elle laissait d'abord hors de son domaine : et c'est ainsi qu'à Rome la sphère juridique d'abord réservée à la classe patricienne s'ouvre peu à peu aux plébéiens. Tantôt la justice enrichit son contenu, augmente sa « compréhension », comme lorsque la justice sociale conçue par les modernes ajoute aux droits du citoyen dans l'État ceux du travailleur dans l'atelier. Dans le premier cas, c'est un plus grand nombre d'hommes qui sont appelés à participer à la vie normale déjà réalisée par une élite ; dans le second, ce sont de nouvelles portions de l'existence de chacun qui échappent à l'arbitraire ou à la servitude et qui acquièrent sécurité, liberté, dignité. Sous le premier point de vue la montée de la justice traduit un progrès de la vie en largeur ; sous le second, elle marque un progrès de la vie en profondeur ; sous les deux points de vue, elle exprime un développement de la vie. Si donc la vie est bonne, il s'ensuit que la justice, dont les mouvements révèlent sa marche ascendante, constitue un bien essentiel et fondamental.

Justifiée par son origine et son histoire, par les conditions sous lesquelles elle se produit et progresse, la justice se justifie, en outre, par ses effets. Si elle procède d'une ascension de la vie, elle favorise de façons diverses cette ascension. Signalons quelques-unes de ses conséquences les plus bienfaisantes, en commençant par les plus humbles, celles qui arrêtent de préférence l'attention des économistes.

La justice, disent les économistes, est la condition de la coopération humaine, qui conditionne elle-même notre bien-être individuel. Et ils montrent que tout le confort de notre existence est l'œuvre d'hommes associés et fidèles aux règles de leur association. Ils rappellent qu'il n'est pas jusqu'aux plantes qui servent à notre alimentation journalière que n'ait créées ou modifiées profondément une culture méthodique, poursuivie par d'innombrables générations qui observaient une certaine discipline légale et morale. Les hommes, en effet, n'ont pu travailler ensemble qu'en s'engageant à ne pas se tuer et se dépouiller les uns les autres et en tenant presque toujours leur engagement. Ils n'ont pu échanger leurs services qu'en respectant dans la grande majorité des cas les conditions sous lesquelles ils les échangeaient. Celui qui refuse de payer au prix convenu un objet qui lui a été livré ou un travail qui a été *** pour lui s'ôte à lui-même toute chance de traiter *** mais avec la victime ou même avec les témoins de sa mauvaise foi. La violation des contrats entraîne donc la rupture de la coopération ou, en d'autres termes, l'injustice est pour la vie économique un principe de mort. Comment, dès lors, l'égoïsme ne nous conduirait-il pas à pratiquer la justice, règle nécessaire d'une collaboration sans laquelle nous manqueraient tous les biens de la vie matérielle ?

On objecte que fonder sur l'utilité le respect des contrats, c'est la faire reposer sur une base fragile. Dans les cas où l'engagement devient onéreux pour l'une des parties, rien ne la détourne de le briser. La justice, qui est censée devoir me guider dans la recherche de mon intérêt, me gêne : pourquoi, demande M. Boutroux, m'incliner devant-elle ? Pourquoi « sacrifier le certain à l'incertain, le clair à l'obscur ? » Cette critique oublie que l'intérêt actuel et passager qui peut faire désirer à l'individu la rupture de tel contrat particulier n'a pas la même force, aux yeux d'un être intelligent et prévoyant, que l'utilité générale et permanente du respect des contrats. Par accident j'ai intérêt à violer l'engagement que j'ai pris pour aujourd'hui ; mais j'ai pris ou je prendrai d'autres engagements qui me sont ou qui me seront avantageux ; or, si je romps le premier, comment puis-je exiger la stricte exécution des seconds ? Mon intérêt bien entendu suffit donc à me prescrire d'être loyal. En d'autres termes, l'individu n'a de sécurité que dans la mesure où les hommes avec lesquels il traite observent leurs contrats et, par suite, il commet la pire imprudence s'il renverse lui-même la barrière qui le défend contre les violences et les déloyautés d'autrui. Non seulement il provoque par son injustice l'injustice de l'homme ou des hommes auxquels il nuit; mais il soulève encore l'hostilité des gens que son iniquité n'atteint pas directement, mais qui, se sentant protégés par le droit, s'unissent naturellement contre quiconque le viole. En se faisant une ennemie de l'opinion commune, il se place dans les conditions les plus contraires à ses intérêts personnels. Et ce n'est pas tout. L'homme injuste a contre lui, outre les individus qu'il lèse et le public qu'il menace, le gardien du droit, l'État, qui châtie la violation des règles les plus nécessaires de la vie sociale : et l'on sait combien est incertaine et misérable dans la société l'existence de l'homme qu'a frappé un châtiment légal. Il nous semble donc que l'utilitaire peut répondre à ses contradicteurs : « Votre objection prend le contre-pied de la vérité. Pour un égoïste intelligent sacrifier la justice à un plaisir ou à un intérêt passager, c'est sacrifier le certain à l'incertain, le solide et le durable à ce qui passe et fuit. Si la justice est un moyen indirect d'obtenir le maximum de satisfactions, ce moyen indirect est le seul moyen sûr : la route de l'injustice est hasardeuse entre toutes, semée de pièges, bordée de précipices. »

On insistera peut-être et l'on dira que, si l'égoïsme intelligent a d'excellentes raisons pour se garder de l'injustice ouverte et violente, il est moins fort contre l'injustice qui se dissimule. L'individu qui obéit à son intérêt personnel hésitera-t-il à tromper et à exploiter les autres dans les circonstances où il croira pouvoir le faire à l'insu de tous, sans craindre d'exciter des indignations destinées à lui nuire? — Nous répondrons d'abord que ces cas où l'injustice peut se promettre une impunité certaine sont plus fictifs que réels, que la déloyauté secrète conduit aux perfidies ouvertes, et que l'homme intelligent n'a besoin que de prudence pour ne pas s'engager sur cette pente. Nous répondrons en outre qu'à mesure que l'individu réfléchit davantage et qu'il aperçoit plus clairement les mille liens qui rattachent son utilité individuelle à l'utilité générale, cette solidarité visible lui déconseille plus fortement, avec les injustices ouvertes, les injustices cachées. En effet celles-ci comme celles-là, quoique à un moindre degré, entretiennent dans la société un état tout à fait défavorable au bien-être de tous et de chacun. Si une grande partie des forces mentales des hommes se dépense à combiner ou déjouer des ruses et des fraudes, la production directement utile subit une perte égale à cette dépense, il faudrait même dire une perte supérieure, car des hommes tenus d'être sans cesse en éveil et en garde contre la déloyauté d'autrui ne peuvent déployer dans l'action l'entrain et l'allégresse d'individus affranchis de cette nécessité. Lorsque surtout les entreprises deviennent très complexes, comme dans la vie civilisée, un facteur essentiel du succès est la possibilité de compter sur la loyauté des auxiliaires très nombreux dont on a simultanément ou successivement besoin. Comme l'a montré Bentham, le mal le plus terrible qui puisse peser sur une société industrielle est celui de l'alarme chronique : « quand l'alarme arrive à un certain point, quand elle dure longtemps, son effet ne se borne pas aux facultés passives de l'homme (sensibilité et imagination affective) ; elle passe jusqu'à ses facultés actives (intelligence et volonté), elle les amortit. » Finalement, « l'industrie tombe avec l'espérance. » Ainsi, par cela même qu'elles provoquent l'imitation et tendent à se généraliser, les actions contraires aux règles d'une coopération saine et féconde travaillent à détruire les conditions mêmes sous lesquelles l'individu peut conserver et augmenter son bien-être. Peut-être aucun utilitaire pleinement conscient de l'utilitarisme n'a-t-il jamais rencontré dans la vie réelle un cas où son intérêt très bien compris lui ait conseillé la violation d'une de ces règles élémentaires de justice que l'opinion commune impose impérieusement au respect de tous.

Mais le juste a pour se préserver de toute défaillance des raisons plus profondes que celles qui se tirent de l'intérêt personnel. En effet, ce n'est pas seulement l'homme économique, le producteur et le consommateur de choses matérielles, qui a besoin de justice, c'est encore et surtout l'homme spirituel, celui qui vit et veut vivre de la vie du cœur et de l'esprit. La justice, en même temps qu'elle garantit notre sécurité et notre bien-être, provoque ou soutient parmi nous la vie la plus aimante, la plus intelligente et la plus libre, par suite la plus humainement heureuse. Des individus ne peuvent s'aimer avec une confiance entière que s'ils se respectent les uns les autres; et l'on sait à quel point une intime harmonie affective favorise le bonheur de deux êtres, puisqu'elle les rend capables de se créer des joies profondes avec des motifs de contentement vulgaires et de transformer presque en plaisirs les peines légères de la vie. Ce qui est digne de remarque, c'est que cette action de la justice sur l'amour et le bonheur ne s'applique pas moins à la vie sociale qu'à la vie privée. Une société dont les membres se montrent résolument respectueux de leurs droits réciproques ne subit pas une épreuve qui n'attache plus fortement les citoyens les uns aux autres et ne leur rende plus sensible la joie de vivre en commun, tandis que dans une société où les groupes, les sectes et les partis cherchent à s'opprimer mutuellement, tout devient occasion d'inquiétude, de malaise et de souffrance, même ce qui devrait contenter et réjouir tous les fils de la même patrie.

Pourquoi, dans nos sociétés modernes, tant d'hommes de cœur travaillent-ils si ardemment à abolir les iniquités que le passé nous a léguées dans ses institutions, si ce n'est parce que les iniquités de toute sorte sont des obstacles à la bonne entente entre les hommes ? Il n'y a pas de privilège social qui ne constitue une servitude pour ceux qu'il exclut, et toute servitude consciente provoque la haine, empêche l'éclosion des sentiments vraiment humains. En revanche la société où les hommes s'aimeraient le mieux les uns les autres serait celle où chacun ferait sa tâche avec la spontanéité et la joie que donne le sentiment de travailler sous des règles justes à une œuvre commune voulue par tous.

Source d'amour et d'harmonie, la justice a encore le mérite de provoquer la vie intellectuelle la plus active, la plus variée et la plus haute. En effet, par la tolérance, qui n'est qu'une de ses formes, elle appelle à se produire les idées les plus diverses, entre lesquelles la libre critique exerce ensuite une sélection rationnelle que ne fausse aucune contrainte, aucune influence d'autorité. On peut dire qu'elle multiplie dans le monde le nombre des consciences. « Les personnes, observe justement Höffding, ne sont pas seulement les centres où la valeur de la vie est sentie, elles sont en même temps les points d'où les mouvements de la vie ne cessent de rayonner de nouveau. La liberté crée de nouveaux centres d'activité spontanée, et comme l'espèce se compose de centres personnels, la vie de l'espèce en devient aussi plus riche et plus vigoureuse. »

Cette vie de l'ensemble gagne en richesse et en vigueur parce que la justice assure impartialement aux hommes, avec la liberté de la pensée, la liberté du vouloir. Dans une société juste tout individu peut se donner sa loi de conduite et vivre selon l'idéal que sa raison a conçu : l'autonomie active de chacun est pour l'ensemble de ses associés un objet, non de suspicion et de haine, mais de sympathie et de respect. Et cette liberté que lui donne la justice lui crée une haute responsabilité : non seulement elle l'oblige moralement à respecter dans les autres les activités qu'ils respectent en lui, mais encore elle l'invite à s'imposer à lui-même les règles morales qu'il ne reçoit plus du dehors et à prouver par la façon dont il gouverne ses pensées, ses sentiments et ses actes qu'il mérite l'indépendance qu'on lui attribue. La justice est donc faite pour enrichir et élever à la fois la vie du cœur, de l'intelligence et de la volonté, c'est-à-dire pour accroître toutes les sources du bonheur humain; et l'on ne s'étonne pas que Renouvier ait écrit cette phrase : « Si l'empire de la justice nous semble insuffisant pour le bonheur des hommes, c'est que nous sommes malheureusement privés de ce spectacle que la terre n'a jamais contemplé. »

Mais une objection se présente. La justice contribue sans doute à produire une haute vie spirituelle et à susciter une humanité digne de ce nom; mais nous, quand nous travaillons à réaliser par la justice une humanité idéale, nous tendons nos énergies vers un bien dont nous ne jouirons pas. Nous sommes condamnés à ne pas voir la société meilleure que nos efforts préparent, à ne pas entrer dans la cité où tous participeront aux joies de l'intelligence et de l'âme et vivront fraternellement. « Si l'humanité, dit un critique, ne doit s'épanouir en perfection qu'à la fin des temps, le bonheur des races futures peut-il, à la réflexion, suffire à compenser et à justifier nos propres souffrances?... Quelle infortune pour les uns d'être nés trop tôt, et pour leurs descendants, quel injuste bonheur! » Ainsi l'effort moral qu'on nous demande serait une duperie puisqu'il ne pourrait posséder son objet, et ne rendrait possible qu'aux dépens de notre bonheur propre celui des générations à venir. — Duperie imaginaire, selon nous, car la justice, qui prépare à l'humanité future une glorieuse et heureuse destinée, n'est pas pour le juste d'aujourd'hui un sacrifice, mais le plus sûr bonheur intime qu'il puisse goûter. Ainsi que l'avaient vu les anciens, la justice est harmonie : si elle ne nous épargne pas les conflits avec les autres, elle nous met toujours d'accord avec nous-mêmes, et pour vivre heureux il n'est qu'un moyen, qui consiste à vivre d'accord avec soi sous une loi rationnelle. Le juste qui s'est assigné une règle de conduite inébranlable se sent très fort par la certitude sur laquelle sa vie repose; il sait qu'il y a en lui quelque chose de plus puissant que toutes les fatalités du dehors, que toutes les violences qui peuvent lui être infligées par la nature ou par les hommes; même sous le coup des plus accablantes disgrâces, la partie la plus élevée de son âme demeure toujours calme.

S'engage-t-il dans les batailles quotidiennes de la vie active? Il souffre moins qu'un autre des blessures qu'il y reçoit, car il n'y a point de remords dans sa souffrance, et la guerre qu'il fait à l'injustice n'implique aucune haine contre les hommes : il ne veut ni les détruire ni leur nuire, mais seulement, s'il le peut, les amener au bien. « Celui, dit Spinoza, qui veut venger ses injures en rendant haine pour haine ne peut manquer de vivre dans la tristesse et le chagrin; mais celui qui s'efforce de vaincre la haine par l'amour trouve dans ce combat la sécurité et la joie. Il résiste avec une égale facilité à un seul homme et à plusieurs et n'a nul besoin du secours de la fortune. Ceux qu'il parvient à vaincre sont heureux d'être vaincus, et leur défaite ne les rend pas moins forts, mais, au contraire, plus forts. » Ainsi l'homme de volonté droite, s'il sait être juste pour lui-même comme pour les autres et ne se tourmente pas à l'excès des défaillances passagères et de l'insuccès partiel de son effort, trouve dans son dévouement au bonheur de l'humanité un bonheur personnel certain.

L'homme injuste, même s'il est le plus puissant et, en un sens, le plus intelligent des hommes, ne connaît ni cette certitude ni cette force ni, par suite, cette paix de l'âme. Quiconque viole le droit est un être intérieurement faible ou le devient. C'est ce que M. Mæterlinck, reprenant en langage moderne une pensée antique, exprime excellemment. « Un acte d'injustice, écrit-il, est toujours un aveu d'impuissance que l'on se fait à soi-même... Commettre une injustice pour obtenir un peu de gloire ou pour sauver celle qu'on a, c'est s'avouer qu'il n'est pas possible que l'on mérite ce qu'on désire ou ce qu'on possède, c'est confesser qu'on ne peut remplir loyalement l'office qu'on a choisi. Malgré tout, on veut s'y maintenir, et ce sont les erreurs, les fantômes et les mensonges qui entrent dans la vie. » Bientôt « notre passé ne nous offre plus qu'un spectacle décourageant; or, nous avons besoin que notre passé nous soutienne... Nul homme n'aime à reporter ses regards sur une déloyauté, sur un abus de confiance, sur une bassesse, sur une cruauté, et tout ce que nous ne pouvons considérer d'un regard ferme, clair, paisible et satisfait dans nos jours qui ne sont plus, trouble et limite l'horizon que forment au loin les jours qui ne sont pas encore ». L'injustice est donc à la fois un signe et une cause d'incertitude, de faiblesse et de misère intime.

Beaucoup de gens croient, il est vrai, au bonheur des hommes injustes et cruels tels que ces Rogron de Balzac qui oppriment et dépouillent impunément une enfant. Mais, répond M. Mæterlinck, « il ne faudrait parler d'injustice que si l'acte des Rogron leur procurait une félicité intérieure, une élévation de pensée et d'habitude analogues à celles que la vertu, la méditation ou l'amour procurèrent à Spinoza ou Marc-Aurèle ». Or cette félicité et cette paix leur sont interdites, car l'injustice borne nécessairement la pensée aux soucis égoïstes et l'âme aux jouissances viles. Le bonheur de l'injuste est donc toujours inférieur à celui du juste, d'abord parce que l'injuste ne trouve de sécurité ni en lui ni hors de lui et que, par là, il se sent débile jusque dans la plus haute puissance visible, ensuite parce que, dégradé par l'injustice, il tombe à ces jouissances basses, à ces satisfactions mesquines qui n'ont rien de comparable à la douceur des vraies joies humaines. Quoi qu'aient pu dire le pessimisme chrétien et, plus près de nous, le pessimisme romantique, c'est le juste qui a ici-bas la meilleure part.

En définitive, si l'on nous demande les raisons précises qui fondent la justice, nous pouvons répondre qu'elle se justifie : 1° comme le produit d'un progrès par lequel la nature, dans l'humanité, se libère de ses lois primitives et basses ; 2° comme la condition de la sécurité et du bien-être des individus ; 3° comme le facteur le plus favorable à l'avènement d'une humanité noble qui vivra une haute vie du cœur, de l'intelligence et de la volonté ; 4° enfin comme le principe de cet équilibre intérieur et de cette santé de l'âme qui conservent au juste, à travers ses épreuves, une paix et un calme inséparables d'un certain bonheur. Mais n'oublions pas que, lorsqu'un homme aime et pratique habituellement la justice, il cesse d'éprouver le besoin de la justifier. Elle devient un instinct si profond de sa nature et s'impose à lui avec une telle force qu'il peut demander le pourquoi de tout le reste, mais non de la justice. Et cet état d'âme est sans doute la suprême récompense du juste.

IX. — JUSTICE ET SOLIDARITÉ

En face de la notion de justice se dresse aujourd'hui une notion rivale qui tend à se la subordonner ou même à la remplacer, la notion de solidarité. Aucun terme n'est plus populaire : c'est en s'affirmant solidaires les uns des autres que les ouvriers s'imposent des sacrifices parfois très douloureux, et nos hommes politiques présentent volontiers la solidarité comme la forme par excellence de la moralité moderne, comme la vertu rationnelle et laïque que le progrès doit substituer aux vertus périmées de l'époque théologique et métaphysique. Le « solidarisme » est même devenu une doctrine complète de morale chez des économistes, des juristes ou des philosophes désireux d'échapper à la fois aux étroitesses de l'individualisme traditionnel et aux prétentions révolutionnaires du collectivisme contemporain. Il n'est donc pas sans intérêt de déterminer la valeur de cette conception en cherchant quels rapports la solidarité soutient avec la justice.

Au sens courant du mot, la solidarité désigne la mutuelle dépendance des parties d'un tout. On dit des organes d'un végétal ou d'un animal qu'ils sont solidaires parce que chacun est nécessaire à la conservation des autres et à la conservation de l'ensemble. Que les racines d'une plante soient détruites, et la plante périt ; que le cœur d'un animal cesse de battre, et aussitôt s'arrêtent les fonctions de tous ses autres organes, estomac, poumons, cerveau. Cette loi de mutuelle dépendance se retrouve dans la société humaine comme dans les vivants individuels : là, comme ici, chaque partie fait son œuvre sous la dépendance des autres. C'est ainsi que les ouvriers mineurs, en interrompant leur tâche, condamneraient à l'inaction les ouvriers d'usine, que tous les industriels devraient suspendre leur travail si les entreprises de transport cessaient de leur faire parvenir les matériaux qu'ils élaborent, que les magistrats et les fonctionnaires de toute sorte ne pourraient vivre s'ils ne recevaient des classes industrielles et commerçantes les produits dont ils ont besoin. Ainsi la solidarité sociale est une conséquence nécessaire de la division du travail : par cela même que les hommes se partagent les différents métiers que l'entretien de la vie exige, aucun d'eux ne peut se suffire, mais tous ont besoin d'autrui. « Chacun, dit Bastiat, fait profiter autrui de ses efforts et profite des efforts d'autrui dans des proportions convenues, ce qui est l'échange. Grâce à l'échange, l'être fort peut jusqu'à un certain point se passer de génie et l'être intelligent de vigueur, car, par l'admirable communauté qu'il établit entre les hommes, chacun participe aux qualités distinctives de ses semblables. »

JUSTICE ET SOLIDARITÉ

De cette observation de Bastiat naît une première forme de solidarisme, le solidarisme des économistes. Si la société est essentiellement un échange de services, ne réalise-t-elle pas l'ordre moral en prenant conscience d'elle-même en chacun de ses membres? La loi de solidarité bien comprise n'est-elle pas toute la justice? Et ne voit-on pas que les iniquités que les hommes s'infligent mutuellement viennent toujours de ce qu'ils méconnaissent, sous une forme ou sous l'autre, la loi de dépendance mutuelle qui les unit? Des hommes qui se tuent, qui se volent, qui se trompent les uns les autres, oublient assurément qu'ils sont associés et agissent d'une façon aussi absurde que le feraient les membres d'un organisme qui chercheraient à se nuire, au lieu de s'entr'aider.

Il est vrai que nous ne sommes pas seulement associés, que nous sommes aussi rivaux, et que la solidarité ne révèle qu'un aspect de la vie sociale, qui en a un autre, la concurrence. Mais, selon les économistes, la concurrence, en se produisant sous les conditions que le régime de la solidarité lui dicte, fait œuvre socialement utile et moralement juste. C'est la concurrence qui excite l'industriel à perfectionner sa technique et sa production dans l'intérêt de tous. C'est elle qui contraint le commerçant à s'ingénier pour fournir à ses clients les produits les meilleurs ou les moins coûteux. C'est elle qui, sur le champ de bataille économique, assure la victoire aux plus intelligents et aux plus zélés serviteurs du public. Ainsi la concurrence n'a que des effets justes lorsqu'elle se conforme à la loi que la vie sociale lui impose, c'est-à-dire à ce respect nécessaire des contrats sans lequel toute coopération s'évanouit. La justice est donc l'expression de la solidarité sociale naturelle et du jeu d'une concurrence que discipline et règle cette solidarité.

A la lumière de la justice ainsi entendue, il n'est pas d'antagonismes sociaux que les économistes ne voient se résoudre en harmonies. Le vulgaire croit volontiers que le capitaliste a intérêt à réduire autant qu'il le peut le salaire de ses ouvriers : n'augmentera-t-il pas d'autant plus ses profits qu'il paiera sa main-d'œuvre moins cher? A la réflexion on juge que son intérêt est tout autre, et qu'il doit accorder aux efforts du travailleur la récompense qu'ils méritent; car un salaire trop faible condamnerait l'ouvrier à une nourriture insuffisante, par suite à une réparation insuffisante de ses forces, et l'ouvrier débilité fournirait au patron, avec un travail moindre, des produits moins nombreux ou de plus basse qualité. La loi de solidarité qui met le bénéfice du patron sous la dépendance du travail de ses auxiliaires lui conseille donc de ne pas leur infliger une réduction de salaire excessive et injuste. La même loi invite l'ouvrier à respecter les légitimes bénéfices du patron. Sans doute il doit vouloir augmenter son salaire dans la mesure du possible; mais il ne faut pas qu'il élève ses exigences au-dessus du niveau que tolèrent les conditions présentes de l'industrie, et qu'il oblige par des grèves injustifiées le patron à fermer son usine : autrement il risquera lui-même de manquer de travail et de mourir de faim.

Ce qui est vrai, dans l'ordre économique, de la solidarité de l'employeur et de l'employé l'est également, dans l'ordre politique, de la solidarité du gouvernant et du gouverné : celle-ci, comme celle-là, commande la justice. Il est de l'intérêt des hommes qui gouvernent de ne pas exagérer le nombre et alourdir le poids des contraintes qu'ils imposent aux citoyens; car le gouvernement le moins arbitraire et le moins pesant est le plus aimé et le plus respecté, donc le plus assuré de vivre. D'autre part, les gouvernés ont intérêt à ne pas trop réduire l'autorité du pouvoir et à supporter certaines restrictions de leur liberté sans lesquelles ils courraient beaucoup plus de risques et subiraient, avec une diminution de leur sécurité, un amoindrissement de leur liberté effective. Lorsque surtout les habitants d'un pays n'ont pas encore appris à se gouverner eux-mêmes, il est bon qu'ils subissent des gênes qui, ailleurs, seraient inutiles : ceux qui ne savent pas se donner le frein nécessaire doivent le recevoir du dehors. On voit que, clairement comprise, la solidarité qui lie le gouvernant au gouverné conduit le premier à limiter son pouvoir et le second à accepter certaines limites imposées à sa liberté. C'est dire qu'elle recommande à l'un et à l'autre la conduite la plus raisonnable et la plus juste. Dans le domaine des relations sociales, comme dans celui des relations privées, la justice n'est donc que la solidarité reconnue et acceptée.

Voilà une solution simple du problème moral, — trop simple pour être vraie. Qu'est-ce, en effet, que la solidarité, sinon un autre nom du déterminisme, le nom qu'il reçoit surtout dans l'ordre biologique et dans l'ordre social? Or le déterminisme en lui-même n'est ni bon ni mauvais, il vaut selon les effets que lui font produire les circonstances ou l'action des hommes. La loi de la pesanteur est utile à l'aéronaute qui la met à profit pour s'élever dans l'atmosphère et y recueillir des observations scientifiques, elle est funeste à l'ouvrier qu'elle précipite du haut d'un échafaudage et dont elle brise les jambes ou la tête sur les pavés de la rue. De même la bienfaisance ou la malfaisance de la loi de solidarité sociale dépend de l'usage bon ou mauvais que nous pouvons ou voulons en faire. Selon que les hommes sont égoïstes ou généreux, justes ou injustes, ils la mettent au service de l'égoïsme ou de l'amour, de la justice ou de l'iniquité. Il se peut qu'elle conseille très souvent la même conduite à l'égoïsme des uns et à l'altruisme des autres, et nous pensons qu'elle suffit à détourner des formes grossières de l'injustice tout homme qui entend avec intelligence son intérêt personnel. Mais elle ne condamne avec force que les manifestations violentes des instincts antisociaux et ne préserve des injustices moindres que l'égoïsme très intelligent, celui qui prévoit les conséquences les plus lointaines de ses actes.

Au surplus, si la loi de solidarité décidait l'égoïsme à s'abstenir de toute violation, grave ou légère, du droit, elle ne réaliserait à aucun degré un monde vraiment juste. En effet la justice suppose, nous le savons, l'intervention dans la conduite de l'altruisme et de la raison. Si l'égoïsme fournit une des conditions de la justice, celle-ci ne se réalise qu'en le dépassant : le juste est celui qui aime les autres selon une loi rationnelle. Dès lors une société où chacun, à la lumière de la loi de solidarité, s'abstiendrait de nuire aux autres uniquement pour s'épargner à lui-même des dommages, ne contiendrait aucun atome de justice. Des marchands, disait Kant, qui ne sont loyaux que dans l'intérêt de leur réputation et de leur commerce ignorent l'honnêteté. Mais si la conduite qui n'est que légalement correcte diffère foncièrement de la conduite moralement droite, le solidarisme des économistes, en se bornant à justifier la première, nous laisse en dehors de l'ordre moral.

Ajoutons qu'il se fait une illusion étrange lorsqu'il s'imagine posséder la solution des antagonismes sociaux. Les gouvernants et les gouvernés sont solidaires, nul ne le conteste; mais la subordination des uns aux autres ne peut-elle être maintenue de façons différentes? L'amour la fonde, mais aussi la crainte : si les gouvernants sont des hommes de conscience, ils pratiqueront une méthode libérale et mériteront d'être aimés; s'ils sont brutalement ambitieux, il leur suffira qu'on redoute leur force, et ce moyen ne sera peut-être pas moins efficace que l'autre dans beaucoup de sociétés. La solidarité sociale est donc par elle-même incapable de dicter aux gouvernants une conduite hautement juste.

Et elle trahit la même impuissance dans l'ordre des relations économiques. Sans doute le travail de nos usines et de nos fabriques suppose une certaine solidarité entre l'intérêt du patron et celui de l'ouvrier; mais cette solidarité laisse subsister entre les hommes qu'elle rapproche une inégalité profonde qui incline les supérieurs à l'orgueil et à la défiance, les inférieurs à l'envie et à la haine, et qui met les uns et les autres sur la voie de l'injustice. Même un ouvrier très généreux peut répondre aux apologistes des harmonies économiques : « Cette dépendance que vous me signalez entre mon patron et moi est légère pour lui et lourde pour moi; cette solidarité dont il cueille les bénéfices et dont je subis les charges, je la hais et veux l'abolir. » De là le fait social de la lutte des classes que nous constatons autour de nous : la liaison réelle qui unit les intérêts du patronat et ceux du prolétariat recouvre des différences ou même des oppositions profondes, et ces oppositions cachées sous la solidarité présente travaillent à la rompre. Tant que les ouvriers n'ont pas créé le moyen de remplacer la forme capitaliste de la production, il n'est pas sans doute de leur intérêt de ruiner l'industrie patronale par des grèves multipliées à l'excès; mais le jour où ils se seraient assez bien organisés et éduqués pour pouvoir diriger eux-mêmes la production, leur intérêt évident leur commanderait de faire disparaître le régime capitaliste. Et s'il est vrai que, ce jour venu, des capitalistes qui se placeraient au point de vue d'un utilitarisme profond trouveraient avantage à renoncer à un privilège de direction qui leur créerait d'autant plus de soucis et d'ennuis qu'il se justifierait moins et subirait des attaques plus violentes, ce n'est pas cependant sans beaucoup de souffrances, surtout de souffrances d'orgueil, qu'ils accepteraient le passage d'un ordre de choses à l'autre. La vérité est donc qu'aucune dépendance de fait établie entre les hommes ne se justifie assez pleinement, en devenant consciente, pour faire obstacle à tout sentiment douloureux et amer, à toute cause de malveillance et d'injustice. A la solidarité donnée s'oppose toujours une solidarité rêvée qui, discréditant plus ou moins la première, la rend impropre à assurer entre les hommes un régime de bonne volonté réciproque et de respect mutuel.

Si la solidarité ne crée pas l'ordre moral, que dire de sa compagne, la concurrence? Quand les économistes prétendent que la concurrence sert la justice en récompensant les mieux doués, c'est-à-dire ceux qui travaillent avec le plus d'habileté et de zèle à procurer le bien d'autrui, l'expérience contredit leur affirmation doctrinale. La concurrence, comme la solidarité, produit des effets de toute sorte : selon les conditions où elle s'exerce et les mobiles de ceux qui la pratiquent, elle engendre le bien ou le mal. Nul ne verra une ouvrière de justice dans la libre concurrence qui, pendant une longue période du XIXᵉ siècle, a fait la prospérité des industriels les plus acharnés à exploiter le travail de la femme et de l'enfant. Nul ne soutiendra que, de nos jours, la libre concurrence des fabricants de boissons et de liqueurs assure la victoire à des bienfaiteurs publics. Nul, non plus, n'osera soutenir que l'âpreté avec laquelle nos théâtres et nos concerts se disputent la faveur populaire fait triompher ceux qui se consacrent à l'art le plus vrai et le plus sain. A vrai dire, nous ne connaissons pas un seul domaine de la production où, dans l'état donné des choses, les efforts individuels soient récompensés en proportion de leur utilité sociale, c'est-à-dire, où la concurrence réalise la justice.

Bien plus, en beaucoup de cas, elle ne se contente pas de favoriser l'injustice, elle l'impose presque à des hommes qui voudraient être honnêtes. C'est ce que montrait Spencer, au début de sa carrière philosophique, lorsque dans une étude sur les mœurs commerciales il dénonçait les fraudes qui sont familières au commerce, et que nul n'évite sous peine de faillite et de mort sociale. Qu'un individu, disait-il, invente un artifice nouveau qui dissimule aux yeux de l'acheteur la qualité réelle de la marchandise : cet artifice deviendra pour lui une source assurée de profits, et il faudra que ses concurrents l'imitent s'ils ne veulent pas être abandonnés de leurs clients. Et Spencer confirmait cette triste vérité par un exemple significatif. Un drapier anglais, de conscience scrupuleuse, s'était juré à lui-même de ne jamais se prêter aux malversations habituelles du commerce. Il n'attribuait donc à ses marchandises que leur valeur réelle; il n'eût consenti pour aucun prix à présenter comme nouveaux des articles de la saison précédente; lorsqu'il savait qu'une couleur devait passer, il n'eût pas, pour un empire, affirmé qu'elle résisterait au lavage. Cette honnêteté inflexible eut une conséquence facile à prévoir, mais, à coup sûr, nullement morale : l'excellent homme tomba deux fois en faillite et fit peut-être plus de mal aux autres par les suites de sa loyauté rigoureuse qu'il n'en aurait fait en se pliant au régime des malhonnêtetés ordinaires. On voit donc que, très souvent, la concurrence est franchement hostile aux formes délicates de la moralité, écrasant ceux qui, par un noble souci de justice étranger à la conscience grossière du grand nombre, abandonnent des pratiques incorrectes conservées par leurs concurrents. La seule ressource qu'elle laisse aux hommes de conscience exigeante, c'est de fuir les métiers où elle leur fait un destin si douloureux.

Nous venons de nous rendre compte que la solidarité sociale, telle qu'elle existe, et la concurrence qui en est inséparable ne peuvent engendrer l'ordre moral et, plus particulièrement, la justice. Les relations idéales des hommes ne se confondent pas avec leurs relations de fait, et le solidarisme scientifique n'est qu'une illusion. C'est ce qu'a compris l'un des partisans les plus récents du solidarisme, M. Léon Bourgeois. Selon M. Bourgeois l'idéal, loin de s'identifier avec le réel, le domine, le juge et l'emploie à ses fins propres. Comparant la loi de solidarité à la loi de gravitation, il observe que la gravitation produit des ruines et des cataclysmes, mais que la mécanique intervient et se sert de cette loi pour établir ou rétablir un équilibre stable. « De même, dit-il, on peut s'emparer des lois de la solidarité naturelle, dont les conséquences peuvent être injustes, pour réaliser la justice même. » Ainsi M. Bourgeois distingue nettement la justice de la solidarité, comme ce qui doit être de ce qui est. Avec la conscience commune, il assigne pour but à la société la justice, mais en ajoutant que, pour atteindre cette fin, il faut connaître les effets de la solidarité naturelle, distinguer ceux qui sont injustes et s'appliquer à les redresser.

Or, en vertu de la loi de solidarité, il existe à chaque moment de l'histoire tout un capital social que nul de nos contemporains n'a créé, mais dont ils profitent diversement. « Toutes les connaissances que je possède, dit M. Bourgeois, sont le fruit d'un immense labeur qui s'est poursuivi pendant des siècles ; la langue que je parle a été façonnée par des générations sans nombre. Aucun acte de production économique n'est possible qui ne mette en œuvre une infinité d'instruments, de rouages complexes et délicats dont je me sers et dont je ne suis pas l'auteur. » Nous naissons donc débiteurs de la société, mais notre dette est inégale. En effet « il est des hommes que le sort met à même de profiter sans mesure des forces accumulées et disciplinées par la société ; il en est d'autres qui, malgré tout leur effort et tout leur mérite, n'en recueillent que le plus infime bénéfice ». M. Bourgeois finit par conclure que les riches sont les seuls véritables débiteurs de la société, et qu'il faut qu'ils acquittent leur dette sociale en consacrant au bien commun la part de leur propriété et de leur liberté qu'ils doivent à l'effort commun. Par ces sacrifices obligatoires, ils supprimeront l'injustice sociale qui réserve aux uns les avantages et fait tomber sur les autres les risques de la vie en société : avantages et risques se trouveront mutualisés dans l'association nationale, comme ils le sont dans les compagnies d'assurance mutuelle. Ainsi le fait de la solidarité, envisagé sous le point de vue de la justice, révèle des devoirs jusque-là inaperçus : il introduit dans l'idée de justice, comme dans une forme un peu vague et vide, un contenu qui l'enrichit et la renouvelle. M. Bourgeois ne dira donc pas avec les économistes que la solidarité crée la justice, mais il soutiendra qu'elle la précise et, en la précisant, la transforme.

Ce nouveau solidarisme est moralement très supérieur au précédent, parce qu'il ne prétend plus faire rentrer la justice dans la solidarité, mais l'élève au-dessus d'elle : il maintient toute la distinction nécessaire entre les règles idéales de la conduite et ces lois sociales naturelles où ne sont pas intervenus le cœur et la raison de l'homme. De plus, en signalant tout ce que l'individu doit à la société, il combat l'orgueilleux individualisme que les économistes associent à leur conception de la solidarité, et donne une salutaire leçon de modestie aux forts et aux heureux du monde qui s'imaginent trop aisément que leur fortune est l'œuvre exclusive de leurs facultés propres et ne doit rien à personne. Enfin il a raison de rappeler aux membres de la classe possédante quel privilège la société leur accorde en leur permettant d'utiliser d'une façon exceptionnellement profitable, et partiellement indépendante de leurs mérites propres, le capital scientifique et technique de la communauté. A ces hommes trop souvent ignorants ou distraits il est bon de dire, avec M. Bourgeois, que c'est peut-être parce qu'ils n'ont pas fait leur devoir que d'autres hommes « se trouvent démunis, privés du capital, privés de l'instruction, placés par là dans un véritable état de servitude... » Mais M. Bourgeois ne peut — et c'est ce qui fait la faiblesse rationnelle de sa doctrine — transformer en certitude cette hypothèse. En effet, il n'est pas évident que la situation dépendante où se trouvent aujourd'hui les prolétaires d'un pays résulte de ce que les riches n'ont pas payé leur dette sociale. On conçoit une société où une aristocratie sociale ingénieuse et active, dont les services paieraient largement les privilèges ou plutôt le privilège unique, la transmission héréditaire de la fortune, coexisterait avec une grande masse à peu près inerte, qui mériterait l'humilité de son sort pour n'avoir pas eu le courage de tirer parti des outils d'affranchissement mis à sa disposition. Dans cette hypothèse, le prolétariat misérable aurait été plus misérable encore sans la direction intelligente qui emploie utilement sa force de travail. Or comment prouver qu'une telle hypothèse est absurde et qu'elle n'exprime jamais, ni de près ni de loin, la réalité? Comment évaluer la dette respective des individus et des classes;

et l'idée même de cette évaluation n'est-elle pas chimérique ?

Très franchement, M. Bourgeois l'avoue : « Il est impossible, écrit-il, à qui que ce soit sur la terre de faire le compte de qui que ce soit. Il est impossible de savoir dans quelle mesure tel homme qui est arrivé à un degré supérieur de puissance, de fortune le doit à la société », comme il est également impossible de mesurer « ce qui est dû par la société » au pauvre être sans instruction et sans capital « qui n'a peut-être ni la santé ni les forces nécessaires pour gagner sa vie ». Mais s'il en est ainsi, n'est-ce pas arbitrairement qu'on fait du premier un débiteur et du second, un créancier de la société ? Il se peut que le second ait hérité sa misère physiologique et économique d'un père qui vivait à l'aise et que ses vices ont ruiné et dégradé. L'hérédité est une espèce de solidarité, mais familiale et non sociale : comment rendre la société responsable d'un malheur individuel qui n'a d'autres causes que la lâcheté et l'imprévoyance d'un homme ? D'autre part, le riche est peut-être le fils d'un industriel que son intelligence et son énergie ont élevé de la condition la plus humble aux sommets de la fortune. Cet industriel a inventé quelque procédé nouveau et fourni à meilleur marché que ses rivaux un article de même qualité ou au même prix un article de qualité supérieure : il a ainsi contribué à élever le niveau du bien-être de la société tout entière. Sans doute son effort a reçu une large récompense, il a gagné, je suppose, cinq millions, mais s'il en a fait gagner vingt ou trente à la société elle-même, n'est-ce pas la société qui, en fin de compte, se trouve être sa débitrice? De quel droit, par suite, lorsqu'on admet avec M. Bourgeois le principe de l'héritage, la jugerait-on créancière du fils auquel notre industriel a transmis sa fortune?

Sans doute tous les cas ne ressemblent pas aux deux exemples que nous venons de supposer; mais ceux-ci se présentent en si grand nombre, et la multitude des cas voisins ou différents suggère tant d'appréciations diverses qu'un observateur impartial des phénomènes sociaux renonce à chercher dans un ensemble si confus de données le fondement d'une distinction rationnelle, moralement utilisable. Par cela même que M. Bourgeois reconnaît l'impossibilité de déterminer la dette ou la créance des unités sociales, on ne voit pas clairement ce qui l'autorise à définir comme un « contrat de solidarité contre l'injustice » le contrat par lequel le riche, ce débiteur incertain, s'engagerait à aliéner en faveur du pauvre, ce créancier hypothétique, une part considérable de son activité, de sa propriété et de sa liberté. Ce que la justice peut contester dans la richesse, c'est la loi d'hérédité selon laquelle elle se transmet; mais tant que la légitimité de l'héritage n'est pas mise en doute, le riche peut toujours refuser de reconnaître un devoir de justice dans l'obligation proposée à sa bonne volonté démocratique, et l'on prévoit que, dans la plupart des cas, il l'accueillera par cette réponse: « Mon père et mes ancêtres ont rendu à la société des services égaux ou supérieurs à ceux qu'ils en ont reçus ; ils m'ont légué une situation éminente, mais qui leur était due, et la dette sociale que vous m'attribuez n'existe pas. »

Ainsi échoue l'effort de M. Bourgeois. L'idée de la dette sociale que sa conscience dégage du fait de la solidarité ne précise pas, dans le sens où il l'entend, la notion de justice, car elle ne peut elle-même être précisée : l'ensemble des solidarités bonnes et mauvaises qui s'entrecroisent dans le milieu social est trop complexe, et la part qui revient à l'énergie inégale des hommes dans la production des biens communs échappe trop visiblement à toute mesure pour qu'il soit possible de distinguer dans la société une catégorie de créanciers et une catégorie de débiteurs, ou du moins pour établir cette distinction avec une évidence telle qu'elle devienne un principe efficace de conduite. Notons que, si M. Bourgeois avait réussi dans son entreprise, il n'aurait fait que modifier à l'usage des riches l'obligation de la justice sociale : les pauvres auraient vu grandir leurs droits, non leurs devoirs, et les formes ordinaires de la justice, celles qui s'imposent aux pauvres comme aux riches, n'auraient subi aucun changement essentiel en prenant place dans cette morale de la solidarité.

Mais si la solidarité ne transforme pas la justice, il reste vrai qu'elle lui fournit un contenu ou une matière, en ce sens que nous découvrons habituellement nos devoirs de justice en apercevant les relations de dépendance mutuelle qui nous unissent à nos semblables ou à quelques-uns d'entre eux. L'adulte qui apprend que l'hérédité transmet les tares de l'alcoolisme manque à une obligation stricte envers ses enfants à naître s'il boit de l'alcool. Le tuberculeux qui découvre qu'il peut semer autour de lui les bacilles de la tuberculose en négligeant certaines précautions se rend coupable d'injustice s'il ne s'impose pas ces précautions. Dans un autre ordre, celui de la solidarité psychologique, le riche qui sait que l'orgueil hautain et l'étalage insolent de la richesse provoquent des sentiments d'envie et de haine chez les pauvres, est injuste s'il ne s'interdit pas les modes de conduite qui produisent ces effets. Toute liaison entre nos actes et le bonheur ou le malheur de nos semblables est objet de devoir : si les conséquences de notre conduite sont normalement nuisibles à autrui, le devoir nous prescrit de les éviter ; si elles sont normalement bonnes, il nous commande de les vouloir. A vrai dire, la morale sociale n'existerait pas si notre conduite n'avait pas de répercussions hors de nous, c'est-à-dire si les hommes n'étaient pas biologiquement, psychologiquement et sociologiquement solidaires. On avouera seulement que ce rapport de la solidarité et de la justice n'est pas une découverte moderne et qu'il a été connu de tout temps. Ce n'est pas de nos jours qu'on a compris que les relations naturelles des hommes entre eux sont la matière de la justice ; la science contemporaine s'est bornée à nous révéler certaines relations que les anciens moralistes ne soupçonnaient pas ou dont ils connaissaient très mal les effets. Cela ne suffit pas pour qu'on ait le droit de nommer « solidarisme » une conception de la morale qui, à l'exemple du rationalisme traditionnel, subordonne la solidarité à la justice comme une matière à une forme faite pour la régler.

Cette matière résiste-t-elle ou se prête-t-elle à cette forme ? La solidarité est-elle pour la justice un obstacle ou un instrument ? Telle est la question que les économistes et les juristes nous laissent à résoudre, et dont nous allons chercher dans une autre direction la solution au moins partielle. Puisque les dépendances économiques ne constituent pas la justice, et puisque, d'autre part, l'idée juridique de la dette sociale échappe à toute détermination, examinons la solidarité sous un nouveau point de vue, plus familier aux philosophes, c'est-à-dire comme la dépendance qui lie les idées et les pratiques morales de l'individu à celles de ses semblables, et cherchons de quelle manière il est naturel et rationnel que les consciences réagissent les unes sur les autres dans la société.

Si nous en croyons Renouvier, la solidarité des agents moraux est un obstacle à la justice souhaitée par les meilleurs. Notre raison conçoit comme le bien suprême le respect absolu des personnes les unes par les autres : dans la société idéale, où toutes les volontés seraient droites, où chacun pourrait compter sur la loyauté d'autrui, le droit serait l'objet de quelques définitions très simples et ne comporterait aucune restriction pour aucun individu ni pour aucun groupe. Malheureusement l'humanité telle qu'elle existe n'offre pas les conditions qu'exigerait, pour être praticable, notre idéal rationnel de justice. Cet idéal suppose la paix entre les hommes et la guerre, est partout : « Elle règne dans les affections, chacun cherchant à donner le moins et à recevoir le plus; elle règne dans les relations de famille, où la contrainte prend la place de la persuasion et de la raison; elle règne dans l'échange des services, dont l'habitude n'introduit jamais que des mesures variables et disputées; dans l'échange des denrées, que chacun apprécie ou déprécie selon son intérêt; dans l'appropriation des instruments de travail et principalement du sol, parce que, si les uns y trouvent des conditions de sécurité pour eux, les autres demeurent privés de garanties semblables... Les croyances mêmes n'y échappent pas, car l'esprit de guerre est entré à tel point dans les fibres humaines que l'on voit des hommes se croire en paix avec les autres et vouloir en même temps imposer les dieux de leur conscience à la libre conscience d'autrui. »

Il suit de cet état général de guerre apparente ou cachée qui existe entre les hommes que l'être moral, obligé de prévoir la mauvaise volonté des autres et de se défendre contre elle, ne peut leur manifester sa bonne volonté entière, appliquer aux relations qu'il entretient avec eux les règles idéales de justice. « Il ne peut pas vouloir que l'injustice de l'un triomphe jusqu'au bout de la justice de l'autre, et que celui-ci soit réduit à donner sa tunique après avoir été dépouillé de son manteau. » Aussi le libéral au pouvoir n'accordera pas aux intolérants la même liberté qu'aux autres, car ils ne se serviraient de cette liberté que pour préparer un ordre de choses qui le priverait de le sienne. Il refusera légitimement à telle portion du corps social un droit qu'il la sait incapable ou indigne d'exercer. « Exiger de moi la justice et la vérité sans restriction équivaudrait à me faire accorder des droits à ceux qui, libres, détruiraient les miens...; je serais ainsi tenu de me sacrifier, et cela n'est pas juste. » On voit que la solidarité même qui lie l'homme de bien à ses semblables l'oblige à « altérer » la justice, à limiter des droits qu'il voudrait reconnaître et respecter sans réserve ni restriction. La solidarité est donc une ennemie naturelle de la moralité.

Nous contestons d'autant moins la part de vérité profonde contenue dans les observations de Renouvier que l'action fâcheuse de la solidarité sur la vie morale a été reconnue par les philosophes de presque toutes les écoles et même par le plus idéaliste de tous, Platon, qui déclarait dans le *Philèbe* que notre commerce nécessaire avec le monde sensible nous contraint à régler notre conduite sur des notions différentes, sinon indépendantes de l'idée du Bien. N'est-il pas évident, d'ailleurs, que nul homme généreux ne peut vivre à plein cœur dans une société d'égoïstes, et que nul homme juste ne peut manifester toute sa loyauté dans une société de fourbes? Nous croyons seulement que Renouvier exagère une idée vraie et que ce philosophe de l'autonomie, par une contradiction singulière, pousse trop loin notre hétéronomie. Il subordonne à l'excès notre moralité à celle des autres lorsqu'il déclare que la conformité des actes à la justice cesse d'être exigible dès que l'individu n'a plus « de réciprocité à attendre dans le milieu moral où il se trouve ». En réalité nous nous sentons tenus par la justice même de donner parfois aux autres ce qu'ils ne nous donneraient pas ; nous nous croyons obligés, si nous sommes au pouvoir, d'accorder à des hommes de parti la liberté qu'ils nous refuseraient s'ils étaient les maîtres. Nous doutons qu'il existe aujourd'hui en France, comme à l'époque où Renouvier écrivait sa *Science de la Morale*, beaucoup d'hommes convaincus que la liberté religieuse est une erreur détestable, et qu'il conviendrait d'interdire aux hérétiques et aux incrédules la libre manifestation de leur pensée. Mais si de tels fanatiques existent, nous ne nous reconnaissons pas le droit de leur ôter la liberté dont ils nous priveraient. Il nous est permis de prendre quelques précautions pour que, tout en enseignant librement leur doctrine de servitude, ils ne puissent empêcher les doctrines libérales de parvenir, par une voie ou par l'autre, aux jeunes intelligences qui subissent leur action ; mais nous nous jugerions immoraux et injustes si nous leur appliquions la loi de réciprocité et ne leur concédions que les libertés dont ils nous consentiraient l'usage. Il est évident, en effet, que le libéralisme ne mérite son nom que si ses procédés l'élèvent au-dessus de l'antilibéralisme par opposition auquel il se constitue. Le droit ne manifeste sa nature propre qu'en laissant à ceux qui le combattent la faculté de le nier ; autrement, ne triomphant que par la force, il se confond pratiquement avec elle.

On ne remarque pas assez à quelles conséquences conduirait, dans l'ordre social, l'hétéronomie acceptée par Renouvier, l'altération de la justice qu'il juge nécessaire dans le milieu humain actuel. N'autoriserait-elle pas la classe dirigeante d'un pays à refuser à la masse populaire le droit de suffrage parce que la plupart peut-être des électeurs, ne possédant aucune propriété personnelle, pourraient vouloir enlever aux propriétaires leur droit de posséder? Rien n'empêche les conservateurs d'emprunter à Renouvier sa maxime et de dire : « accorder des droits à ceux qui, libres, détruiraient les nôtres, c'est nous sacrifier, et cela n'est point juste. » La justice consiste-t-elle donc, répondrons-nous, à sacrifier les autres pour que vous évitiez le risque de vous sacrifier? Comment ne voyez-vous pas ce qu'il y a de paradoxal à priver autrui de son droit par crainte d'un attentat possible contre le vôtre? L'injustice que vous redoutez, vous n'êtes pas sûr qu'elle se produira, vous n'êtes même pas sûr, si elle doit se produire, qu'elle constituera une injustice; car si les nouveaux venus à la vie politique et sociale viennent à vous exclure de ce que vous pensez être votre droit, c'est, apparemment, que votre droit prétendu n'aura pas à leurs yeux la nature que vous lui attribuez. Et je vous demande s'il vous est permis de refuser justice à vos concitoyens parce qu'en leur accordant les libertés qui, moralement, leur sont dues, vous leur donnez la faculté de réaliser leur idéal juridique, non le vôtre, et de produire un ordre social qui, injuste à vos yeux, sera juste aux leurs? Une pareille position est intenable, ne fût-ce que parce qu'elle suppose chez ceux qui l'adoptent un sentiment d'infaillibilité morale qu'ils ne peuvent justifier en droit et qu'ils n'osent, en fait, avouer tout haut.

Il y a donc abus à s'appuyer sur la loi de solidarité, qui nous contraint à tenir compte de l'état moral de nos semblables, pour abaisser la justice dans la mesure consentie par Renouvier. Faire tomber la justice sous la loi stricte de réciprocité, c'est condamner les hommes à ne jamais sortir de l'état de guerre que maudit le philosophe kantien. Si toutes les croyances qui occupent successivement le pouvoir peuvent légitimement refuser aux autres la liberté qu'on ne leur a pas octroyée dans le passé et dont elles ne sont pas assurées dans l'avenir, il en résultera forcément, puisque l'intolérance est au point de départ de la civilisation humaine, que jamais ne viendra l'heure de la tolérance et de la liberté. Que le despotisme justifie le despotisme, que le refus du droit autorise le refus du droit, et l'on roulera sans fin dans un cercle de guerres sans issue. Pour rompre ce cercle d'injustices, il faut que quelqu'un prenne l'initiative d'accorder aux autres ce qu'ils lui ont refusé, d'être juste même à l'égard de gens qui feront peut-être de sa justice un instrument de leur iniquité. Renouvier ne veut pas que le sacrifice entre dans la notion du juste; il a tort: la justice ne va pas sans un sacrifice éventuel. Mais ce sacrifice éventuel nous est commandé par la raison, d'abord parce qu'il nous faut évidemment le subir si nous voulons que le droit règne un jour, et ensuite, parce que le seul moyen à peu près sûr de faire goûter un idéal juridique supérieur à ceux de nos contemporains qui ont quelque bonne volonté, c'est de leur rendre sa supériorité sensible dans la conduite plus haute qu'il détermine chez ses partisans. Notre solidarité avec les volontés basses et mauvaises ne nous empêche donc pas de pratiquer un mode de conduite qui dépasse et domine de très haut le leur.

Observons, en outre, que la solidarité morale sur laquelle Renouvier insiste est une loi complexe qui enveloppe une multitude de rapports différents, dont les uns nous inclinent sans doute au pessimisme, mais dont les autres autorisent des vues optimistes. Une certaine dépendance nous lie à nos associés malhonnêtes ou d'une honnêteté mesquine, mais une autre dépendance nous lie aux volontés probes et aux existences droites, et si la première entrave notre justice, la seconde la favorise. La solidarité du mal a pour contre-poids une solidarité du bien. Si la loyauté est difficile à l'homme qui n'a de relations qu'avec des fourbes, il est facile d'être juste à qui vit avec des justes. Que dans un groupe corporatif telle vertu soit communément pratiquée, elle s'imposera presque sûrement à chaque nouveau membre du groupe, même si elle n'a pour lui qu'un faible attrait naturel. « Les milieux sains, remarque M. Marion, ont une sorte d'action curative, comme les milieux corrompus une action corruptrice. » M. Marion, qui doit à Renouvier l'inspiration de son livre sur la *Solidarité morale*, signale plus d'une fois les bons effets d'une loi dont son maître avait surtout aperçu les conséquences fâcheuses, et n'hésite pas à écrire que « la contagion du mal ne l'emporte pas sur celle du bien », mais que « c'est le contraire qui est à croire : autrement le règne du mal serait universel, ou du moins la pratique du bien demanderait un tel effort de volonté qu'il n'y aurait plus au monde que des saints en très petit nombre et une multitude irrémédiablement corrompue ». Seulement la contagion du mal attire l'attention avec force, tandis que « nul ne s'étonne de voir un homme en venir à penser, sentir et agir comme son entourage, quand cela ne porte préjudice à personne et ne cause aucun trouble, car le bon ordre nous paraît chose naturelle ». Il n'est pas, du reste, nécessaire pour que l'individu soit entraîné à bien agir qu'il rencontre dans tout son entourage d'excellentes dispositions morales : parfois un seul exemple de droiture et de loyauté suffit. De plus, la pratique des règles de la morale répond si bien à l'intérêt commun que même ceux qui les violent pour leur propre compte désirent d'ordinaire qu'elles soient respectées par les autres. Rien n'est plus fréquent que de voir des hommes sans conscience encourager de leurs applaudissements les hommes de bien. Ceux-ci goûtent fort peu l'hommage que l'hypocrisie rend à la vertu, mais, malgré tout, ils se rendent compte que cet hommage affaiblit à quelque degré les résistances qu'ils rencontrent et leur rend la tâche moins rude. Il apparaît donc que, parmi les influences psychologiques qui s'exercent naturellement dans un groupe d'êtres solidaires, se rencontrent des facteurs favorables à la justice.

Mais rien ne serait plus vain que de vouloir mesurer la puissance respective des solidarités de toute sorte, matérielles ou spirituelles, extérieures ou intérieures, qui vont dans le sens ou à l'opposé de la justice. Aucun de nous ne peut dire avec exactitude à quel point il a moralement profité ou souffert des bonnes ou mauvaises influences sociales : la part des facteurs externes de la vertu et du vice ne se détermine pas, au moins d'une façon précise. Une seule chose paraît sûre, c'est que la moralité est, avant tout, œuvre interne et qu'il dépend de chacun d'être juste, même dans un milieu moralement bas. Lorsque l'honnête homme a le malheur de vivre à une époque de corruption presque universelle, il peut toujours se dire avec Marc-Aurèle : « Quoi que fassent les autres, il faut que j'accomplisse ma tâche, qui est de cultiver la vérité et la justice parmi les hommes injustes et menteurs. » Dans une société normale, où se mêlent les bonnes et les mauvaises influences, il a d'ordinaire la ressource de se soumettre aux unes et de se soustraire aux autres : en se donnant les relations et occupations qui peuvent soutenir le mieux sa volonté d'être juste, il met sa science des solidarités sociales au service de sa moralité. Enfin, pour peu qu'il ait d'énergie, il est lui-même une source d'influences, il crée des solidarités nouvelles, il suscite ou développe dans son cercle d'action les forces bienfaisantes sur lesquelles il s'appuiera. Là, comme ailleurs, le déterminisme, dont nous savons que la solidarité n'est qu'un des noms, devient pour qui le veut un instrument de liberté.

Cette vérité se manifeste avec une évidence particulière s'il s'agit de la justice sociale, dont se préoccupent si fortement les modernes. Comme la justice individuelle, la justice sociale trouve dans la solidarité des appuis et des résistances. Il y a dans la société des rapports depuis longtemps établis qui sont des servitudes et qui, si la volonté ne s'y oppose, favorisent la servitude ; il en est d'autres qui sont des œuvres, au moins partielles, de la liberté et qui, réalisant déjà une certaine justice, préparent une justice supérieure. Or, chez les peuples civilisés, la liberté intervient de plus en plus pour forger les liens qui unissent entre eux les hommes. A la solidarité nécessaire tend à se substituer partout la solidarité volontaire, à la dépendance fatale la dépendance consentie, au statut le contrat. Le progrès de la vie sociale moderne se confond, comme on l'a souvent remarqué, avec le progrès ininterrompu des associations libres, et l'association même qui enveloppe les autres, la société nationale ou la patrie, tend à devenir un objet d'adhésion volontaire à mesure que les hommes constituent des centres plus actifs d'énergie et de conscience. Mais si le progrès des facultés humaines imprime sans cesse davantage aux rapports sociaux des hommes la marque de l'humanité, il en résulte que les transformations de la solidarité sociale la dirigent vers la justice : car des êtres intelligemment sociables ne peuvent trouver un principe de solidarité stable que dans un ordre de choses juste.

Pour s'en rendre compte, il suffit de rappeler quelques-unes des formes de la vie économique et sociale qui se sont réalisées au cours de l'évolution. La plus ancienne de ces formes, la relation de maître et d'esclave, était aussi éloignée que possible du type de la solidarité humaine ; car les inclinations humaines de l'esclave l'empêchaient de vouloir la dépendance qu'il subissait. Dès lors, cette relation de dépendance devait disparaître le jour où serait conçue comme possible une forme de solidarité moins blessante pour les sentiments et la raison des hommes. Admettons que cette forme immédiatement supérieure soit la relation du capitaliste et du prolétaire, telle que nous l'observons sous le régime actuel de la propriété. Elle vaut mieux que la précédente, puisque le prolétaire dispose dans une large mesure de lui-même, qu'il peut choisir son métier, qu'il s'emploie chez le patron qui lui convient et change à son gré de patron, qu'il fait enfin de son salaire l'usage qui lui plaît. Mais la relation de capitaliste et de prolétaire apparaît encore comme une réalisation très imparfaite, dans l'ordre économique, de la solidarité humaine. L'humanité, moins violentée dans le prolétaire que dans l'esclave, n'est pas encore libérée de toute oppression. En effet les travailleurs, obligés de vendre leur force musculaire et nerveuse aux détenteurs des moyens de production, ne peuvent se défendre de la pensée que la classe capitaliste, par ses revenus sans travail, les dépouille d'une portion notable du produit de leur effort, et qu'elle les humilie en les excluant de la direction d'entreprises dont le succès ou l'échec décident de leur bien-être ou même de leur existence.

On en vient donc à concevoir un nouveau type d'organisation économique qui, abolissant les classes sociales, ferait de tous des coopérateurs égaux parmi lesquels l'inégalité des récompenses ne serait maintenue que par l'inégalité des mérites. Comment nier que, si le progrès de l'éducation et de la moralité ouvrières rendait possible cette forme plus haute de vie sociale, la solidarité des membres de chaque société serait plus certaine et plus profonde qu'aujourd'hui, puisque, tous jouissant également de la liberté la plus large, nul ne se sentirait blessé dans sa dignité? Ainsi le rapport du maître et de l'esclave, celui du capitaliste et du salarié, celui du coopérateur et de ses égaux dans une entreprise collective sont trois expressions différentes dans l'ordre économique de la loi de solidarité, et si les hommes passent ou tendent à passer de la première à la seconde et de la seconde à la troisième, c'est parce qu'elles se rapprochent inégalement, la seconde plus que la première et la troisième plus que la seconde, du type de la solidarité humaine. Nous pouvons traduire cette vérité en disant que notre espèce, dans les races qui la représentent avec le plus d'éclat, monte peu à peu vers la justice sociale sous la pression d'une loi bienfaisante qui frappe d'instabilité toute forme injuste et inhumaine de solidarité. Il y a eu des sociétés très vigoureuses sans justice, nous l'avons reconnu nous-même, mais elles appartiennent à un monde encore barbare ; pour une société civilisée il ne peut y avoir de force, de santé, et de paix que dans la justice.

Nous pouvons conclure que si, dans tous les domaines, la justice et la solidarité restent distinctes, la justice, dans le domaine social surtout, se subordonne la solidarité, la défait et la refait selon ses exigences. Le grand but proposé à nos efforts sociaux est de réaliser l'humanité, non en quelques individus d'élite, comme l'avaient cru les anciens, mais en tous. La justice est l'humanité même exigeant sa réalisation universelle, et la solidarité vraie est l'ensemble des rapports sociaux par lesquels cette exigence peut être satisfaite. Si donc on définit la solidarité comme une matière et la justice comme une forme, il faut dire que cette matière tend à rejoindre cette forme sous l'action de l'idée d'humanité qui les domine l'une et l'autre ; et il faut dire surtout, à l'encontre des économistes, que ce qui est naturel et rationnel dans l'histoire des sociétés, ce n'est jamais la solidarité de fait, solidarité incomplète et impure où interviennent en grand nombre les rapports anormaux de dépendance mutuelle, mais le mouvement par lequel l'humanité, pour se produire elle-même à l'existence, élimine ce qui lui fait obstacle par la force de l'idée progressive de justice et s'élève graduellement d'une plus basse à une plus haute solidarité.

X. — LE DROIT DE PROPRIÉTÉ ET LE COLLECTIVISME

La justice consiste dans le respect des droits ou, en d'autres termes, des libertés légitimes. Mais il est des droits que tous ne reconnaissent pas ou même que beaucoup contestent. Au premier rang de ces droits qu'on discute se place le droit de propriété. N'est-ce pas par une véritable usurpation que des hommes se sont approprié une portion du sol et ont transmis à leurs descendants cette richesse soustraite au patrimoine commun ? De nos jours, sous les conditions que la science et la technique ont faites à une partie de la propriété et qui constituent le capitalisme, n'est-ce pas injustement que des gens possèdent, à titre d'actionnaires ou d'obligataires, des capitaux industriels ou commerciaux sur lesquels leur action personnelle ne s'exerce pas, si bien qu'il leur arrive de ne connaître que par les journaux l'état d'une fortune sans cesse accrue, ou diminuée, ou menacée par des circonstances tout à fait indépendantes de leur volonté ? Les moyens de production d'où dépendent la sécurité et la dignité de l'individu humain ne devraient-ils pas appartenir indistinctement à tous, au lieu d'être confisqués par quelques-uns, qui tiennent leurs semblables à leur merci ? Tel est le problème qui, sous le nom de question sociale, passionne la pensée contemporaine, et que nous devons soumettre à un examen impartial, en recueillant avec loyauté les objections et les réponses des adversaires et des partisans du droit de propriété.

Nous traiterons le problème tel qu'il se pose de notre temps, c'est-à-dire que nous écarterons la thèse vieillie qui érigeait le droit de propriété en principe absolu et les arguments sur lesquels elle se fondait. Nous ne parlerons pas du droit du premier occupant, parce qu'il est certain qu'une chance heureuse ne suffit pas à constituer un droit et parce que, comme le disait Stuart Mill en faveur des déshérités de la dernière heure, « il est inique qu'un homme vienne au monde pour trouver tous les dons de la nature accaparés à l'avance sans qu'il reste de place pour le nouveau venu ». Nous ne reprendrons pas, non plus, la justification classique de la propriété par le travail ; car, tout d'abord, le travail a pour condition juridique la propriété même qu'on veut qu'il justifie, attendu que nul ne modifie légitimement pour ses fins personnelles un objet qu'il n'a pas le droit de posséder ; de plus, le travail ne peut donner droit qu'à ce qu'il produit et, comme il ne produit pas le sol sur lequel il s'exerce, il n'autorise pas l'appropriation privée de la terre ; ensuite l'histoire nous apprend que la grande propriété foncière a moins souvent pour origine le travail que la conquête, c'est-à-dire la violence à main armée ; enfin il est impossible de légitimer par le travail la grande propriété industrielle, puisque le plus souvent ceux qui la possèdent ne l'ont pas créée et ne contribuent en rien ni à l'accroître ni à la conserver.

D'une façon générale, les théories qui, sur un fondement ou sur un autre, posent le droit de propriété comme un droit naturel indestructible, antérieur et supérieur aux arrangements sociaux, se montrent incapables de résister à un examen historique ou à une critique rationnelle ; et les partisans éclairés de la propriété individuelle s'en rendent si bien compte qu'ils ne justifient l'organisation économique actuelle que d'un point de vue relatif, comme la garantie la plus certaine du bien-être et de l'indépendance pour les civilisés. C'est, disent-ils, à la propriété et à la culture intensive du sol qu'elle a rendue possible que l'humanité doit toutes les améliorations de sa vie matérielle ; c'est aussi la propriété qui, pour se défendre contre les spoliations injustes, a fondé et maintenu dans le monde la liberté. Selon une excellente formule de Renouvier, la propriété « est une méthode historique de progrès social dont l'efficacité est prouvée par l'expérience ». Mais c'est précisément l'efficacité de cette méthode que les socialistes contestent. S'ils accordent que la propriété individuelle a été excellente à son heure, et qu'en arrachant les hommes à la vie errante du régime pastoral, elle leur a permis de sortir de la barbarie, ils estiment qu'elle a désormais épuisé sa vertu et que les maux de plus en plus visibles qu'elle entraîne la rendent incompatible avec une haute civilisation. Faisons connaître les principaux griefs qu'ils formulent contre elle, et tout d'abord les reproches qu'ils lui adressent au point de vue même de l'utilité sociale.

Il est faux, affirment-ils, que la propriété individuelle constitue le régime de production socialement le plus fécond ; car ce régime est essentiellement anarchique. Nos producteurs procèdent presque toujours au hasard, privés des informations nécessaires ou trompés par une presse vénale, ne connaissant que de la façon la plus vague et la plus incertaine leur milieu économique, ignorant l'étendue du besoin auquel répond l'entreprise où ils s'engagent et le chiffre de la production totale qui devrait, avec le chiffre de la demande, décider s'il est utile d'introduire sur tel terrain un producteur nouveau. Quel capitaliste nie que la plupart des entreprises industrielles sont hasardeuses et que, pour une chance de réussir et de prospérer, le capital a dix chances de s'engager dans une voie fausse où il se perdra ?

Même s'il entre dans une voie utile, le capital est sans cesse conduit à faire dépasser à la production la mesure de son utilité. Par cela même que la société économique ne possède aucun organe central de contrôle qui coordonne les entreprises particulières et assigne à chacune la part qu'elle doit produire, les producteurs, entraînés par l'appétit du gain ou condamnés à faire marcher des outillages qui ne peuvent s'arrêter sans périr, produisent le plus possible, sans être assurés d'écouler leurs produits. Il en résulte ces crises de surproduction qui, en amenant la chute brusque des prix, ruinent les patrons et vouent aux souffrances du chômage un grand nombre de familles ouvrières. N'est-il pas triste de penser que cette anarchie économique ne trouve souvent de remède à ses désordres qu'en détruisant une partie des produits qu'elle a créés eh excès ? Les Américains, il y a quelques années, incendiaient les balles de coton par centaines de mille afin d'abaisser l'offre de la marchandise au niveau de la demande et de relever les prix : ce procédé barbare ne juge-t-il pas le régime économique qui doit y recourir ? Si l'on dit qu'un moyen existe d'enrayer la surproduction, et qu'il se trouve dans le trust ou syndicat patronal qui limite d'avance pour chacun des patrons syndiqués la quantité qu'il fabriquera ou vendra, nous répondrons que le trust marque le suicide du régime de la concurrence capitaliste, qu'il constitue le collectivisme au profit de quelques-uns et qu'à ce compte, comme l'écrivait M. Léon Bourgeois, mieux vaut l'autre collectivisme, « qui est au profit de tous ».

D'ailleurs le régime capitaliste, qui ne peut éviter les surproductions sans renier son principe, entraîne également des sous-productions très dommageables à la société. Si, par ignorance ou contraint par la force des choses, le capitaliste produit souvent au delà des besoins sociaux, d'autres fois, par intérêt, il limite la production en deçà de ces besoins. De riches propriétaires transforment en pâturages des terres à blé, réduisant la valeur des produits qu'ils livrent à la société, mais diminuant du même coup leur main-d'œuvre et augmentant leur bénéfice. C'est qu'entre le but du propriétaire, qui cherche seulement à obtenir le maximum de revenus, et celui de la société, qui réclame le maximum d'utilités, il existe un antagonisme, qu'on exprime en disant qu'il y a conflit entre la rentabilité et la productivité.

A vrai dire, le désordre fondamental de notre régime de la production se révèle partout, et jusque dans le jeu nécessaire du crédit. La plupart des établissements d'industrie ont besoin du crédit pour naître et grandir ; et le crédit est chose instable et fuyante. Il suffit que les banquiers ou capitalistes s'émeuvent de quelques signes de malaise manifestés par des entreprises qu'ils ont d'abord soutenues pour que le retrait de leur confiance transforme en un désastre définitif une crise qui pouvait n'être que passagère. Notre régime économique, dit un écrivain américain, « est si mal entendu que les agents de la production sont obligés de cimenter les pierres de leur bâtisse industrielle avec une matière — le crédit — que le moindre choc peut rendre explosive. Supposez un maçon qui, au lieu de chaux, emploie de la dynamite, vous aurez une image à peu près exacte de la sécurité que nous offre le mécanisme actuel de la production[1]. »

---

[1]. Rappelons qu'il arrive parfois aux banques de crédit de favoriser l'émigration des capitaux à l'étranger, au risque de priver le travail national de ressources qui lui seraient très utiles.

Mais les pires défauts de notre système économique ne résident peut-être pas dans le désordre et l'insécurité dont il est inséparable : son plus grand tort est de désintéresser de la production la très grande majorité des agents humains qu'il emploie, les travailleurs salariés. Leur salaire ne se mesure pas, en effet, à la prospérité de l'entreprise qu'ils servent ; s'ils travaillent beaucoup, c'est le patron qui profitera de leur zèle ; s'ils travaillent mollement et dissimulent leur paresse, ils n'en recevront pas moins leur solde entière. Quel mobile peut donc les soutenir dans l'accomplissement de leur tâche ? Ou un mobile bas, celui-là même qui gouvernait la conduite des esclaves, la crainte, ou un mobile très élevé, le sentiment du devoir. Mais les économistes eux-mêmes ont plus d'une fois reconnu, en jugeant l'esclavage, que la crainte est pour le travailleur un stimulant peu efficace ; et si le devoir conçu avec force est plus actif, quel vigoureux sentiment d'obligation peut lier l'ouvrier à des actionnaires et obligataires qui, sans travailler eux-mêmes, s'approprient une large part du fruit de son travail ? Il apparaît donc, avant expérience, que les travailleurs doivent fournir en régime capitaliste une production moindre que celle qu'ils fourniraient spontanément dans une société qui les ferait propriétaires en commun de tout le capital national, et qui attribuerait à leur travail une récompense proportionnée à son intensité et à son habileté.

Notre régime d'échange, poursuivent les socialistes, est encore plus défectueux et plus contraire à l'intérêt social que notre régime de production. Le commerçant, simple intermédiaire qui déplace des valeurs et n'en crée pas, n'opère ce déplacement qu'aux dépens à la fois du producteur et du consommateur, payant au plus bas prix possible la marchandise que le premier lui livre et ne la livrant au second qu'au plus haut prix. Sans doute, par cela même qu'il rapproche du consommateur les produits qu'il désire, il lui épargne un certain effort; mais quelle disproportion entre ce service, après tout secondaire, et la récompense qu'il s'attribue ! De plus, l'appareil commercial, qui devrait être aussi simple et aussi direct que possible, atteint dans le système capitaliste une complication qui va jusqu'à l'absurde et entraîne une déperdition inouïe d'efforts humains. Des économistes, tels que M. Paul Leroy-Beaulieu, déplorent eux-mêmes ce développement anormal de l'organe de l'échange. Combien exubérant, disent-ils, est le commerce contemporain avec ses gens de bourse, ses représentants, voyageurs et courtiers, ses locaux trop nombreux destinés à la vente, ses dépenses insensées en étalages, ses réclames onéreuses et souvent grotesques, les activités parasitaires qu'il provoque et fait pulluler à l'infini ! Faut-il un épicier dans un rayon donné? Il s'en établit cinq ou six. Là où suffirait un magasin de chaussures, il s'en installe sept ou huit. Et il en est de même pour presque toutes les carrières commerciales : elles absorbent, au grand détriment de la production et, par suite, de la consommation, une multitude de bras, d'intelligences et de capitaux qui pourraient être utilement employés.

Les économistes espèrent, il est vrai, que ce gaspillage se corrigera de lui-même, et qu'une meilleure entente de leur intérêt décidera des jeunes gens pourvus d'un petit capital et d'une instruction modeste à déserter les professions commerciales au profit des professions ouvrières. Mais l'expérience ne justifie pas cet espoir. Nous voyons, en effet, qu'une bonne éducation primaire, jointe à la possession d'un léger capital, inspire des désirs et des goûts que la condition d'ouvrier ne satisfait pas. Les bons élèves de nos écoles, s'ils ne peuvent être fonctionnaires, veulent être commerçants. La vérité est que le régime capitaliste ne dispose d'aucun remède contre l'encombrement du commerce dont souffre toute la société.

Il ne peut rien, non plus, contre les autres conséquences malfaisantes de l'anarchie commerciale, notamment contre cette coalition des forts qui, après avoir écrasé ou s'être asservi les faibles, s'entendent et s'associent pour exploiter le public. Il ne peut rien contre la spéculation, qui prélève un tribut souvent très lourd sur les objets les plus nécessaires, tels que le sucre ou le blé. S'il y a des lois qui interdisent l'accaparement et le frappent de pénalités assez fortes, il est presque toujours facile aux spéculateurs de les éluder et de courber sous leur loi les consommateurs désarmés. L'office de l'échange, qui est de transmettre les produits avec le minimum de frais possible, se trouve donc profondément faussé dans la société capitaliste.

Une mauvaise entente de la production et de l'échange a pour conséquence inévitable un régime anormal de consommation. Et, en effet, il est aisé de voir que la société capitaliste n'établit aucun rapport rationnel entre l'abondance de la production et l'importance des besoins à satisfaire. Un ordre normal de choses subordonnerait au nécessaire le superflu : il procurerait largement à tous du pain et de la viande, et ne se soucierait qu'ensuite de fournir des objets de luxe à ceux qui peuvent se les procurer. En d'autres termes, il ferait passer les besoins primaires avant les besoins secondaires et les satisfactions communes à tous avant celles d'une minorité. Or le capitalisme renverse cette hiérarchie naturelle et rationnelle des besoins. Il multiplie les objets qui sont, à la rigueur, inutiles et néglige d'accroître le nombre des produits les plus indispensables, de sorte que nous nous procurons à bas prix mille choses dont nous pouvons nous passer et que nous payons très cher des produits dont une existence saine ne se passe pas. Il n'est personne qui ne puisse acheter une montre, et tous ne mangent pas de la viande à volonté. Non seulement le système capitaliste augmente le nombre et abaisse le prix des objets de consommation en raison presque inverse de l'importance des besoins à contenter; il s'applique encore à provoquer ou encourager des besoins factices ou pernicieux. Ne visant qu'un but, le profit, ne s'inspirant que d'un mobile, l'égoïsme, qui est l'âme même de la concurrence, il se montre indifférent aux ravages qu'il fait. Qu'importe aux fabricants d'alcool que les poisons qu'ils livrent à la population ouvrière et paysanne peuplent de malades et de fous les hôpitaux et les asiles, affaiblissent les réserves de force vive de la nation et compromettent l'avenir social du prolétariat[1]? Qu'importe également aux producteurs de pièces de théâtre malpropres ou de livres obscènes qu'ils dépravent à la fois le goût et la conscience populaires? Pour des hommes qui ne poursuivent que le profit, le bon livre et la boisson saine sont la boisson qui se consomme et le livre qui se vend. On s'étonne que la pratique généralisée d'un tel système n'ait pas rapidement abâtardi et démoralisé les peuples modernes ; et, en vérité, si le capitalisme n'a pas détruit notre civilisation, c'est que ses conséquences naturelles sont partiellement enrayées par des habitudes idéalistes qui l'ont précédé, et qui sont actuellement trop profondes, au moins dans certaines races, pour qu'il puisse les abolir.

La critique que nous venons de faire du régime capitaliste au point de vue de l'utilité sociale nous conduit à l'examiner au point de vue proprement moral et à nous demander s'il satisfait notre besoin de justice. Il ne suffit pas aux hommes, pour être heureux, d'obtenir une certaine part de bien-être, une certaine

---

1. Nous ne parlons pas des innombrables fraudes qui déshonorent notre régime économique et dont quelques-unes peuvent devenir mortelles pour notre race: le chapitre serait infini.

somme de satisfactions; il faut encore que chacun puisse se dire que son lot n'est pas inégal à son mérite et qu'il reçoit une récompense proportionnée à la quantité et à la qualité de son effort. Tout renversement de cette proportion entre le service rendu et le bénéfice reçu constitue une iniquité; et cette iniquité ne peut devenir consciente chez ceux qui la subissent sans leur inspirer un sentiment de révolte contre l'organisation sociale qui la produit. Or il n'est besoin ni d'une expérience étendue ni d'une réflexion profonde pour découvrir que l'ordre économique actuel n'assure ni ne peut assurer une répartition équitable des richesses. Certes, Stuart Mill va trop loin lorsqu'il déclare que la fortune est actuellement en raison inverse de l'effort accompli, que la meilleure part en revient à ceux qui ne travaillent pas, puis à ceux dont le travail est plus apparent que réel, et ainsi de suite, d'après une échelle descendante, jusqu'à ce degré extrême où le travail le plus pénible suffit à peine aux nécessités élémentaires de la vie. Mais si la formule de Stuart Mill ne saurait se défendre sous sa forme rigoureuse, elle n'est sûrement pas plus loin de la vérité que la formule contraire qui affirmerait que les avantages sociaux dont chacun jouit sont en raison directe de son mérite ou, plus précisément, du labeur socialement utile qu'il accomplit. L'actionnaire opulent d'une mine et le riche propriétaire foncier dont un intendant gère les biens n'ont eu, le plus souvent, qu'à se donner la peine de naître, tandis que l'ouvrier mineur et le petit fermier peinent très durement et, d'ordinaire, restent pauvres. Les savants et les techniciens qui font les inventions les plus utiles à tous ne sont presque jamais ceux qui en tirent profit ; l'idée neuve enrichit surtout le capitaliste qui l'exploite.

Examinant les choses de plus près, les socialistes montrent de combien de façons diverses le capitaliste s'approprie ce qui ne lui est pas dû. D'abord il exige un salaire pour le capital même, comme si le capital était directement productif, et comme s'il ne devait pas toute sa vertu au travail manuel ou intellectuel qui l'a créé et qui le met ensuite en œuvre : le capital, selon la justice, n'a droit qu'à des frais d'entretien, c'est-à-dire à la part du produit qui lui est nécessaire pour se reconstituer à mesure qu'il s'use. Sans doute le capitaliste est souvent un homme actif qui se réserve le travail de direction, au lieu de le déléguer à des chefs salariés, mais même alors la récompense qu'il s'adjuge n'est que partiellement légitime, car elle ne représente pas seulement le produit de son effort, mais une portion du produit de l'effort des autres, tout au moins l'effet de puissance collective que produisent les activités combinées de ses ouvriers. « Cette force immense, dit Proudhon, qui résulte de l'union des travailleurs, de la convergence et de l'harmonie de leurs efforts ; cette économie de frais obtenue par leur formation en ateliers ; cette multiplication du produit prévue, il est vrai, par l'entrepreneur, mais réalisée par des forces libres, il ne les a pas payées. Deux cents grenadiers manœuvrant sous la direction d'un ingénieur ont, en quelques heures, élevé l'obélisque sur sa base ; pense-t-on qu'un homme en deux cents jours, en serait venu à bout? Cependant, au compte de l'entrepreneur, la somme des salaires est la même dans les deux cas, parce qu'il s'adjuge le bénéfice de la force collective. »

Le capitaliste ne se borne pas à s'approprier une part de ce qui revient à ses ouvriers ; il s'approprie également une part du revenu social. Le plus oisif des propriétaires voit la valeur de ses terrains s'accroître à mesure que grandit en nombre et en activité la population qui l'entoure : plus les hommes se groupent et travaillent, plus ils assurent de rentes à sa paresse ; et si, comme il arrive, la valeur de ses biens décuple ou centuple, c'est toute une fortune que lui acquiert le travail d'autrui. Chaque fois que s'élève une ville nouvelle, que s'établit une station balnéaire, que se crée quelque nouveau centre industriel, des hommes s'enrichissent d'un effort qui n'est pas le leur. Il en est même qui doivent leur richesse, non aux progrès accomplis, mais aux malheurs subis par la société. Pour emprunter un exemple à M. Paul Leroy-Beaulieu, un fabricant de soufre ou de produits chimiques fait des affaires médiocres, lorsqu'un fléau, l'oïdium ou le phylloxera, vient ravager le pays qui l'environne. Va-t-il souffrir de la détresse générale? Nullement. Des savants découvrent que le soufre triomphe de l'oïdium ; les viticulteurs le demandent à grands cris au fabricant qu'ils connaissent, le lui paient fort cher et font sa fortune. Lorsque la concurrence vient gâter le métier, il cède sa clientèle à un nouveau venu et goûte les joies de la retraite en bénissant l'oïdium qui a ruiné beaucoup de gens, amoindri la prospérité nationale et qui l'a fait millionnaire. M. Paul Leroy-Beaulieu justifie cette fortune en disant qu'une chance heureuse est aussi respectable que l'intelligence et la beauté : s'il est légitime que l'homme intelligent jouisse de son intelligence, il ne l'est pas moins que le fabricant enrichi par l'oïdium possède le million qui lui vient d'un hasard. Mais un moraliste sera d'un autre avis. Il pensera que les inégalités naturelles ne justifient pas les inégalités artificielles et, de ce que la nature distribue ses faveurs sans aucun souci de justice, il n'admettra pas qu'on puisse conclure que la même indifférence morale s'impose comme règle à la société. Si le hasard est le roi de la vie naturelle, il ne doit pas l'être de la vie sociale, car la vie sociale a pour but de corriger les conséquences iniques de la vie naturelle, et la véritable justice n'est que la réaction de l'homme contre toutes celles des fatalités de la nature que son cœur et sa raison condamnent et qu'il n'est pas impossible à sa volonté d'abolir.

Parmi ces procédés aveugles de la nature contre lesquels la justice réagit, il en est un qui, reproduit par l'ordre social capitaliste, suffirait aux yeux des socialistes pour le condamner : c'est la loi d'hérédité. Il n'est pas juste qu'un individu doive au seul fait de sa naissance une supériorité sociale décisive. Sans doute le droit d'héritage a un fondement dans la nature même des choses, puisque, si l'individu ne peut vivre qu'en conservant et consommant une partie au moins du produit de ses efforts, la conservation de l'espèce, comme le remarque Spencer, dépend « du transfert que font les parents à leurs enfants d'une partie de ces produits, tantôt sous leur forme brute, tantôt après leur avoir fait subir une préparation ». D'autre part on ne peut douter de l'utilité sociale de l'héritage : la plupart des industriels et des commerçants ne déploient dans la lutte économique toutes les forces de leur volonté et de leur intelligence qu'en vue de transmettre à leurs enfants, avec une fortune aussi large que possible, la condition d'une existence heureuse. Otez-leur la faculté de faire profiter leur famille de leurs peines et de leurs sacrifices, et leur zèle affaibli produira pour tous moins de fruits. Mais si l'héritage a son principe dans la nature et s'il peut revendiquer certains effets socialement utiles, il entraîne dans notre société plusieurs conséquences injustes souvent dénoncées par les sociologues.

D'abord il met obstacle à la distribution normale des fonctions sociales. La plupart des hautes fonctions ne sont guère accessibles qu'à ceux dont les parents ont quelque fortune. Or les riches ne sont pas forcément les plus aptes au rôle de dirigeants. L'hérédité, comme l'ont très bien montré MM. Durkheim et Bouglé[1], ne transmet pas habituellement les facultés complexes que met en jeu la division croissante du travail, d'où il suit que ce n'est pas la nature même des choses, mais un privilège discutable qui attribue aux fils de la bour-

1. M. Durkheim dans *la Division du travail social*, et M. Bouglé, dans *la Démocratie devant la science*.

geoisie les fonctions directrices. Les prolétaires intelligents que leur absence de fortune a privés d'une haute culture et condamnés à des fonctions ou à des emplois inférieurs à leur mérite ont réellement le droit de se croire déshérités et d'accuser un ordre social qui ne les a pas mis à leur place et à leur rang.

Principe d'injustice parce qu'il distribue artificiellement les fonctions sociales, l'héritage engendre l'injustice d'une autre manière encore, en altérant dans la vie économique la règle normale des contrats. En effet un contrat n'est moralement légitime que si l'un des contractants ne subit pas une violence directe ou indirecte qui l'oblige à céder à l'autre. Or, lorsqu'un capitaliste traite avec un ouvrier qui, pour vivre, a besoin de travailler sans délai à n'importe quelle condition, il tient cet ouvrier sous sa dépendance, grâce aux ressources héréditaires dont il dispose et qui lui permettent de refuser le travail demandé. M. Durkheim a donc raison de dire qu' « il ne peut pas y avoir des riches et des pauvres de naissance sans qu'il y ait des contrats injustes ».

Les socialistes ajoutent que l'organisation capitaliste, en même temps qu'elle refuse justice au prolétariat, tend à lui ôter toute dignité. Exclu des fonctions les plus hautes et privé par son dénûment des conditions qui lui assureraient le salaire qu'il mérite, le prolétaire souffre encore de la sujétion absolue à laquelle l'atelier le condamne, puisqu'il n'y décide pas de l'emploi qui est fait de sa force et qu'il y obéit à des chefs qu'il n'a pas nommés. Dans l'organisation capitaliste, dit un contemporain, « le travail est doublement serf, puisqu'il va à des fins qu'il n'a point voulues par des moyens qu'il n'a point choisis ». Ainsi le régime de la propriété héréditaire, avec l'ordre capitaliste qu'il fonde, mérite de disparaître, car, outre qu'il ne répond pas aux exigences du plus grand intérêt social, il viole la justice et blesse la dignité humaine chez le plus grand nombre des hommes.

*
* *

On vient de voir quelles sont les principales critiques adressées par les socialistes au régime actuel de la propriété. Ces critiques, nous les tenons pour vraies en leur essence, malgré les objections de détail qu'elles provoquent et les corrections qu'une étude plus complexe leur ferait subir. Notre organisation sociale est incontestablement très imparfaite, et il est utile que tous prennent conscience des désordres et des injustices dont elle contient le principe pour qu'ils se sentent obligés d'appliquer leur effort à redresser ceux de ses vices qui ne sont pas nécessaires. Mais tous aussi doivent savoir que des hommes imparfaits ne peuvent vivre dans un ordre social parfait, et qu'il est absurde de renoncer à une forme défectueuse d'organisation économique si l'on n'a la certitude de lui substituer une autre forme moins contraire à la justice et à l'intérêt général. Selon la judicieuse remarque d'un socialiste autrichien, M. Anton Menger, « aucune critique, si exacte soit-elle, des institutions existantes n'est justifiée aussi longtemps qu'on n'a pas montré suffisamment la possibilité d'un état meilleur ». Or, peut-on dès aujourd'hui ou dans un avenir prochain substituer, pour le plus grand profit de la civilisation, le régime de la propriété sociale à celui de la propriété individuelle? Si demain les terres, les mines, les usines, les moyens de transport, tous les capitaux cessaient d'être possédés par des individus et appartenaient à la communauté, en résulterait-il un progrès matériel et moral, un accroissement de bien-être et de liberté juste?

Pour répondre à la question il nous est impossible de passer en revue les divers types d'organisation sociale que les socialistes proposent et qui, pour la plupart, sont si mal définis ou si visiblement utopiques qu'ils n'ont aucun droit à prendre place dans une étude sommaire. Obligé de faire un choix entre les systèmes, nous ne retiendrons pour l'examiner que celui qui associe aujourd'hui à la pensée la plus nette la popularité la plus large, — le collectivisme révolutionnaire. Tel que Marx l'a conçu, il y a plus d'un demi-siècle, et tel que l'entendent encore aujourd'hui presque tous ses disciples, le collectivisme révolutionnaire, observant ou croyant observer que l'évolution économique élimine peu à peu les petits et moyens producteurs, qu'elle concentre le travail dans un nombre toujours plus restreint de maisons toujours plus puissantes, et qu'elle accumule le capital aux mains de capitalistes de moins en moins nombreux et de plus en plus riches, exige que la société abrège ce mouvement historique par l'expropriation de la féodalité nouvelle et par l'attribution au peuple souverain de tous les moyens de production et d'échange, afin que disparaissent du même coup les désordres de la concurrence anarchique et l'injustice de la dîme prélevée par la classe qui possède sur la classe qui travaille. Mais contre cette conception les économistes se dressent au nom de l'expérience. Ils montrent que, si la concentration industrielle et capitaliste était aussi certaine qu'elle est contestable, le régime universel de propriété collective auquel on veut qu'elle aboutisse produirait des effets tout autres que ceux qu'on en attend. Ne suffit-il pas, disent-ils, de voir les hommes comme ils sont et comme ils agissent pour comprendre que le collectivisme, au lieu de les enrichir, les appauvrirait et, au lieu de les émanciper, les asservirait ? Supposons établie la société collectiviste et concevons-la fonctionnant sous l'influence des défauts habituels aux hommes qui nous entourent; quelle existence pauvre et basse elle va nous infliger !

Si nous demandons de quelle manière elle organisera le régime de la production, Liebnecht, résumant la doctrine, répond : « L'organisation du travail devra être conduite par un fonctionnarisme du travail qui aura à régler la production et la distribution des marchandises pour toute l'étendue de la communauté, les relations avec les communautés socialistes extérieures (tant qu'elles ne seront pas toutes fondues ensemble); à traiter avec les pays non encore amenés au socialisme et, en cette qualité, à fonctionner comme le département des affaires étrangères. » Mais ce fonctionnarisme sera-t-il capable de remplir l'office dont on le charge ? Si l'on songe que l'administration générale de la société collectiviste devra déterminer à l'aide de la statistique la somme des besoins sociaux, répartir les commandes entre les organes de production, régler le jeu des services de transport et de circulation, assurer l'envoi de l'immense variété des produits à l'innombrable armée des consommateurs, on imagine malaisément qu'elle ne succombera pas sous le poids de cette tâche effroyablement complexe. Comment pourra-t-elle, sans se tromper ou sans être trompée, suivre les variations des besoins, fixer pour chaque entreprise l'espèce et la quantité des produits à fournir, indiquer avec les tâches à faire le nombre de travailleurs que chacune occupera, désigner les outillages à remplacer et les techniques à modifier, commander les approvisionnements indispensables de matières premières, prévoir la somme de produits à demander ou à livrer à l'étranger, surveiller et contrôler les opérations diverses des fonctionnaires chargés de gérer les magasins locaux, calculer les salaires dus à chaque catégorie de travailleurs, prélever sur le produit total du travail national la part nécessaire à l'entretien de tous les services sociaux, etc ?

Pour ne pas être inférieur à la tâche dont nous venons d'indiquer quelques parties, l'Office collectiviste du travail exigerait de ses membres une force surhumaine d'intelligence, de conscience et de volonté. Est-il rationnel de demander une sorte d'infaillibilité à un groupe d'hommes, surtout dans l'ordre obscur et mouvant de ces questions pratiques auxquelles se suspend la vie matérielle d'un peuple ? Unique producteur et commerçant unique, l'État nouveau pourrait, par le faux calcul d'un de ses bureaucrates, condamner toute une population à la famine : une telle perspective n'est-elle pas faite pour rendre indulgents au capitalisme ceux qui se souviennent qu'il a eu du moins le mérite, depuis plus d'un siècle, de n'infliger à aucun peuple civilisé les souffrances de la faim ? Aujourd'hui le consommateur dont un commerçant a déçu l'attente a la faculté de s'adresser à ses rivaux : dans la société collectiviste, l'absence de toute concurrence ne rendra-t-elle pas chaque erreur irréparable ? En un régime de libre concurrence, sous la loi de l'offre et de la demande, les variations des prix indiquent d'une façon précise et rapide les variations des besoins : la statistique remplacera-t-elle le jeu souple des prix et s'acquittera-t-elle de la fonction régulatrice que le collectivisme lui assignerait ? Ne connaissant que les besoins passés, et même ne les connaissant pas tous, puisque ceux qui sont restés en souffrance lui échappent, elle ne déterminera que de la façon la plus incertaine les besoins à venir. Si elle parvient à assurer approximativement la satisfaction des besoins les plus simples et les plus grossiers, qui sont les moins variables, quelle sécurité offrira-t-elle aux besoins les plus raffinés, à ces désirs de l'imagination et du goût dont ni les variations ne se prévoient ni l'intensité ne se mesure ? Les besoins délicats sont de ceux que la masse éprouve faiblement, lorsqu'elle les éprouve, et l'on peut douter que des administrateurs du travail élus par elle et, par suite, soucieux surtout de lui plaire, déploient leur zèle à contenter des goûts qu'elle n'a pas. On conçoit une démocratie sans noblesse entravant la vie idéaliste d'une élite, Caliban ignorant Prospero et négligeant de lui fournir ses moyens d'étude, de travail et de joie.

Mal organisée pour répondre aux besoins complexes et changeants des hommes, la société collectiviste évitera-t-elle, comme ses partisans le prétendent, le gaspillage du système capitaliste et augmentera-t-elle la production totale de la communauté ? Il est sûr qu'elle fera œuvre utile en supprimant le commerce, ou du moins, en le simplifiant, en ramenant à la production nombre de gens qui encombrent l'échange. Mais quelle énergie apporteront au travail les producteurs du régime nouveau ? L'énergie productive des hommes dépend de la force des mobiles qui les stimulent ; quelle sera la force de ces mobiles chez les travailleurs du régime socialiste ? Selon un calcul que rapporte M. Fouillée, « dans une nation parvenue à un régime communiste parfait et comprenant vingt millions d'ouvriers qui travaillent huit heures par jour, chaque heure de travail d'un ouvrier représentera un cent-soixante millionnième de la production quotidienne ». « Dans ce cas, observe M. Fouillée, la tentation de perdre une heure sera bien séduisante, si l'on a pour tout mobile le désir d'apporter son cent-soixante millionnième à l'œuvre totale, et si ce mobile se trouve mis en échec par une bonne occasion de s'amuser, de boire, de causer, ou simplement de se reposer. »

Essaiera-t-on d'exciter le zèle des gens en attribuant à des services inégaux des récompenses inégales ? Cette appréciation de l'inégalité des services créera à l'administration du travail les plus terribles difficultés. Il est très malaisé de déterminer la valeur respective des différents travaux dans un même métier, pour peu qu'il soit complexe, et, à plus forte raison, ne peut-on aboutir à aucune estimation juste quand on compare des métiers différents. Quelle commune mesure permet de fixer équitablement les salaires du terrassier, du bijoutier et du savant ? Se règlera-t-on sur la peine inégale qu'imposent des travaux qui diffèrent ? Mais le caractère pénible d'une tâche se dérobe aux évaluations précises et dépend beaucoup moins de la nature de la tâche elle-même que de celle du travailleur. Pour échapper aux conflits sociaux que ne manqueraient pas de faire naître des jugements arbitraires de qualité, récompensera-t-on le travail selon sa quantité ou, plus exactement, selon sa durée ? Cette évaluation paraîtra elle-même injuste, puisque la durée d'un travail ne fait rien connaître des efforts qu'il exige ni du nombre et de l'importance des effets utiles qu'il produit; et d'autre part, elle aboutira presque infailliblement à faire déserter les tâches qui exigent la préparation la plus longue et la plus difficile, c'est-à-dire celles-là mêmes qui contribuent le plus au progrès.

Quelle que soit la solution que la démocratie sociale préfére, il faut prévoir que les exigences de l'esprit d'égalité, si hostiles aux « gros traitements », réduiront presque à rien les différences de salaire, et l'on peut aussi conjecturer, sans risque d'erreur, que l'homme ordinaire ne trouvera pas dans l'espoir d'un léger accroissement de son bien-être un motif très fort pour le défendre contre les tentations de la paresse. Aujourd'hui nos industries d'État coûtent plus et rapportent moins que les industries privées similaires : que sera-ce en régime collectiviste, où la quantité de travail fournie par les industries privées ne permettra pas de mesurer et n'invitera pas à enrayer les défaillances de l'énergie productive dans les industries nationales ? Si nul ne sait quels prodiges peut produire, sous l'action de stimulants convenables, le courage d'un homme énergique, nul, non plus, ne sait à quel degré peut descendre dans un milieu complaisant la lâcheté d'un paresseux. Proudhon disait avec profondeur qu'en dehors de la libre concurrence la valeur réelle d'un produit « reste un mystère » : on peut en dire autant, sous la même condition, de la capacité productive d'un homme et, par suite, de ce qu'on peut exiger de lui. La question du rendement probable du travail humain sous le régime collectiviste constitue donc une énigme inquiétante.

Ce n'est pas tout. Comment ce régime décidera-t-il ses ouvriers, non seulement à travailler dans la mesure de leur force, mais encore à éviter le coulage, à ne pas gaspiller les matériaux, à prendre soin des machines et des outils ? De quelle façon éveillera-t-il en eux cet esprit d'économie qui rend des services infinis à l'industrie privée ? Par quel moyen, surtout, une société sans concurrence stimulera-t-elle l'esprit d'initiative et de progrès ? Aucune idée neuve ne se réalisera sans l'assentiment des administrateurs généraux du travail ; et quelle raison ces administrateurs auront-ils de faire bon accueil aux nouveautés ? Ils seront les élus du suffrage universel ; et l'on sait qu'en aucun pays la majorité n'aime à changer ses habitudes journalières, à modifier ses méthodes de travail. Toute transformation d'outillage et de technique exige des travailleurs un effort de réadaptation généralement pénible, et c'est pourquoi l'on citerait peu de transformations industrielles que les ouvriers n'aient d'abord reçues avec hostilité ou défiance. Les directeurs, pour conserver le pouvoir, seront donc probablement amenés à se plier aux exigences de la routine et à se faire les complices de la commune inertie.

L'État collectiviste sera économiquement faible pour une autre raison encore, parce qu'il subira de très lourdes charges. Lorsqu'on affirme qu'il attribuera à chaque travailleur l'équivalent exact du produit de son effort, on est dupe d'une illusion singulière. Le travailleur n'aura plus sans doute à payer la gérance capitaliste, mais il paiera une gérance socialiste, entretiendra des directeurs, inspecteurs, contrôleurs, surveillants de toute sorte. C'est un fait connu que la tendance de la démocratie à grossir les états-majors des administrations publiques. Les services se dédoublent, les bureaux deviennent des divisions, les divisions se transforment en directions : un ministère, en un demi-siècle, triple son personnel. Comment une démocratie sociale échappera-t-elle à cette plaie des démocraties politiques ? Elle pourra d'autant moins se passer d'un nombreux personnel dirigeant que, ne stimulant pas le travail par l'aiguillon d'un intérêt direct et fort, elle souffrira, comme nous l'avons dit, de négligences de toute sorte. On ne se hasarde donc pas beaucoup en annonçant que ce nouveau gouvernement social ne coûtera pas sensiblement moins cher que celui qu'incarne parmi nous la bourgeoisie capitaliste.

D'autres charges, qui n'atteignent pas ou n'atteignent que légèrement l'État actuel, seront très pesantes à l'État futur. Il devra prélever sur le salaire de l'ouvrier, avec les frais du gouvernement social, les dépenses d'entretien de l'outillage social, car il lui faudra réparer ou remplacer les capitaux qui s'usent ou se détruisent, construire et aménager de nouvelles usines et de nouveaux ateliers, ouvrir des lignes de chemin de fer réclamées par les besoins accrus de l'échange, développer les sources et les moyens de la production ; et il est sûr que tous ces travaux seront exécutés moins économiquement par des administrateurs qui n'auront pas à risquer dans leurs entreprises une fortune personnelle qu'ils ne le sont aujourd'hui par des capitalistes directement intéressés à éviter toute dépense inutile.

L'État collectiviste ne sera d'ailleurs délivré d'aucun des grands services publics actuels, enseignement, assistance, police, défense nationale : il accroîtra seulement l'importance de quelques-uns et, par conséquent, les paiera plus cher. Un socialiste allemand, M. Kautsky, estime que le seul ministère de l'Instruction publique coûtera à la société allemande devenue collectiviste un milliard et demi ou deux milliards par an. Si ces prévisions sont exactes, quelle raison a-t-on de croire que le budget de la cité future pèsera moins lourdement aux épaules du prolétariat que celui de la société présente? Les prélèvements opérés sur le produit du travail individuel invoqueront d'autres motifs ou changeront de nom, mais le salaire ne subira pas une moindre mutilation qu'aujourd'hui, et le travailleur ne sera pas plus riche ou même le sera moins si son effort productif se relâche sous une direction sans vigilance et sans fermeté.

Mais, s'il en est ainsi, que devient la spoliation exercée sur le travailleur par le régime capitaliste? Le prolétaire n'a le droit de se dire dépouillé par ce régime que s'il peut se donner à lui-même un autre régime moins coûteux. La dîme du capital n'est injuste qu'à condition d'être inutile ; et le jour où l'on a compris que le prolétariat, en raison même de ses défauts ou de l'insuffisance de ses qualités, n'échapperait à cette dîme que pour subir dans une organisation sociale nouvelle des dépenses égales ou supérieures, on voit clairement combien est fausse l'association des deux termes capitaliste et voleur.

Si le travailleur ne doit pas être plus riche dans la

société collectiviste, y sera-t-il, au moins, plus libre? Actuellement, dit-on, le prolétaire est serf parce qu'il va vers des fins qu'il n'a pas voulues par des moyens qu'il n'a pas choisis; mais le collectivisme ne lui infligera-t-il pas la même servitude? Le collectivisme ne supprime la concurrence industrielle que par l'institution d'un gouvernement unifié du travail; et, par suite, c'est ce gouvernement central qui, réglant les tâches multiples de l'industrie, lance à travers tout le pays les ordres auxquels doivent obéir les organes particuliers de la production. Dès lors, en chaque atelier local, les travailleurs jouent ce rôle passif que les socialistes reprochent au capitalisme de leur imposer. Ils ne décident pas à quelle fin s'emploieront leurs énergies et ne constituent pas l'autorité sous laquelle ils travaillent. Selon la thèse collectiviste la plus commune, l'administration centrale nomme les agents secondaires de direction et de gestion et ne laisse à l'ouvrier que la faculté d'élire un conseil qui les surveillera, comme aujourd'hui le syndicat surveille les actes et dénonce les abus de pouvoir des patrons, gérants ou contremaîtres. Au fond, les travailleurs ne cesseront d'être les manœuvres du système capitaliste que pour devenir ceux du système socialiste: dans la société nouvelle comme dans l'ancienne, ils exécuteront des plans qu'ils n'auront pas conçus sous des chefs qu'ils n'auront pas élus.

L'ouvrier se consolera-t-il de cette sujétion nécessaire par la pensée que l'ordre collectiviste l'investit d'un droit théorique sur l'immense ensemble de la propriété nationale ? Mais, pratiquement, il n'exercera ce droit que sous la dépendance de la volonté des quarante ou soixante millions de citoyens dont il sera l'associé : et qui ne voit que la propriété ainsi entendue perd au regard de la conscience populaire toute signification concrète et se réduit à la plus illusoire des fictions ? Non, il ne faut pas dire que tous seront propriétaires sous le nouveau régime, mais au contraire, que personne ne le sera. Et il ne faut pas dire, non plus, que ce régime abolira le salariat : comme le reconnaît loyalement M. Bernstein, il n'en changera que la forme, car tous seront salariés, avec cette innovation qu'ils ne recevront leur salaire que d'un unique patron, l'État. Si donc, selon une formule banale, la condition du salarié est la dernière transformation de l'esclavage, le collectivisme, loin de la faire disparaître, la consolidera en l'étendant à ceux qu'elle avait épargnés jusqu'ici.

Dira-t-on enfin que le régime collectiviste écartera tout danger de servitude parce qu'il substituera l'administration des choses au gouvernement des hommes ? C'est là encore une formule qu'on répète sans cesse, mais combien elle paraît vide de sens à qui l'examine de près ! Les administrateurs de la cité collectiviste seront, en effet, des hommes dictant à d'autres hommes des ordres qui ne supporteront pas d'être violés, si l'on ne veut pas que l'immense machine se détraque et se brise. Or suffit-il que l'autorité s'applique au domaine économique, au lieu de s'exercer dans le domaine politique, pour qu'elle perde sa nature d'autorité? Y a-t-il une sphère quelconque où l'exercice de la puissance ne s'accompagne pas d'une volonté de puissance toujours prête à se transformer en volonté de domination et d'oppression? On n'espère pas, sans doute, que des administrateurs du travail désignés par le suffrage universel resteront étrangers aux passions de la majorité qui les aura choisis, et qu'ils ne voudront jamais faire triompher d'une façon brutale les causes dont ils seront les clients? Or, s'ils sont passionnés et injustes, de quelle puissance ne disposeront-ils pas pour le mal?

Dans l'ordre collectiviste, c'est la société qui possède tous les instruments de production, y compris les instruments de manifestation publique de la pensée : ses directeurs les mettront-ils à la disposition de tous? Accorderont-ils les conditions d'exercice du culte et les moyens nécessaires de propagande aux adeptes d'une nouveauté religieuse détestée par la grande masse des citoyens? Si une conception philosophique originale vient contredire les doctrines reçues, aura-t-elle la certitude de se faire entendre? A une époque de matérialisme, qu'un Pasteur renverse par des expérimentations précises quelque théorie populaire sur la génération spontanée ou sur tel autre fait apparent, admettra-t-on qu'il publie et enseigne un paradoxe qui peut être scientifiquement et socialement fécond, mais qui, en niant le dogme établi, bouleverse tout le système d'idées de la multitude? Les imprimeries et les Facultés de la République collectiviste ne fermeront-elles leurs portes à aucune croyance, à aucune pensée?

Ces questions sont troublantes, et il ne suffit pas, pour y répondre, de nous inviter avec M. Vandervelde à compter sur les sentiments libéraux de la masse. Aujourd'hui, dit M. Vandervelde, si un ministre « se refusait, par exemple, à transporter ou à distribuer par la poste certaines catégories de journaux, il serait infailliblement renversé par un soulèvement général de l'opinion publique. Dès à présent on peut dire que les habitudes et les traditions de la liberté sont assez fortes pour résister à bien des tentatives du pouvoir. » Il est certain, en effet, que dans les pays civilisés le pouvoir est obligé de s'interdire les violences extrêmes; et pourtant, en presque tous, il peut être assez brutal à l'égard de la minorité sans soulever contre lui la majorité ou même en la comblant de joie. Qui a entendu dans les réunions publiques ces phrases menaçantes : « écrasons l'adversaire », « désarmons les ennemis de la vérité et de la justice », « les esprits libres ont seuls droit à la liberté », sait très bien que les formules de l'intolérance et du despotisme n'ont pas l'impopularité qu'elles méritent. Les collectivistes font donc un acte de foi contestable dans le libéralisme de la masse ; et si cet acte de foi est trompeur, si le peuple de demain garde l'esprit simpliste et intransigeant que manifeste trop souvent le peuple d'aujourd'hui, quel sort fera-t-il, — lorsque pas une idée ne s'imprimera et ne s'enseignera sans la permission de ses élus — aux Socrate et aux Galilée qui prétendront modifier sa conception des choses et surtout lui dire sur lui-même de dures vérités ? Nous supposions, plus haut, que Caliban pourrait, dans la cité collectiviste, ignorer Prospero; il pourrait faire pis, le traiter en ennemi, le traquer, le persécuter, l'empêcher de parler ou d'écrire. Le collectivisme n'assure donc pas plus la liberté et la dignité que le bien-être et la sécurité des hommes; et, tant que la masse humaine reste ce qu'elle est, on peut croire qu'il garantit moins que le capitalisme l'ensemble des biens, matériels et spirituels, dont la civilisation se compose.

Nous venons de rappeler quelques-unes des objections principales que soulève le collectivisme. Les jugera-t-on suspectes parce qu'elles sont formulées d'ordinaire par des partisans systématiques du régime de la propriété individuelle ? Nous répondrons que les plus fortes de ces objections sont reconnues vraies par des socialistes d'esprit positif, tel que M. Menger. Dans son remarquable livre sur l'*État populaire du travail*, M. Menger aperçoit nettement entre le collectivisme et le libéralisme une incompatibilité durable, sinon éternelle. Il sait et affirme que le collectivisme ne transformera pas la nature humaine, mais que la nature humaine, telle qu'elle est aujourd'hui, subsistera sous le nouveau régime et lui interdira d'accorder certaines libertés à ses membres. Vouloir, dit-il, passer sans transition d'une forme autoritaire à une forme libérale d'organisation du travail est une utopie, car l'histoire des communautés socialistes qui se sont fondées, au dix-neuvième siècle, en Angleterre et en Amérique suffit à prouver avec évidence que le principe de l'élection des chefs détruit la discipline nécessaire, puisqu'il a désagrégé même des groupes d'hommes remarquables par « leur force de caractère et leur esprit de dévouement ». C'est pourquoi M. Menger, qui fait de la commune la base de l'État collectiviste, attribue à la société communale le choix des directeurs du travail, qu'elle arme d'un fort « pouvoir disciplinaire »; et c'est aussi pourquoi il refuse aux travailleurs de chaque métier, avec la liberté de nommer eux-mêmes leurs chefs, la faculté de se concerter et de s'associer d'une commune à l'autre. De puissantes armées syndicales qui se formeraient à travers le territoire n'abuseraient-elles pas de leur force pour imposer au corps social des exigences excessives et nuire gravement à la prospérité générale comme à la paix publique?

En même temps qu'ils perdent la liberté syndicale et la liberté de choisir directement leurs chefs, les travailleurs se voient enlever la liberté même du domicile; car la société, selon M. Menger, ne pourra leur garantir solidement le droit à l'existence qu'en attachant chacun à une commune qui lui fournira du travail, tant qu'il sera valide, et les ressources nécessaires pour vivre lorsque la maladie ou la vieillesse lui ôteront provisoirement ou définitivement sa force productive. Est-il un plus dur sacrifice pour l'homme moderne, si l'on songe à quel point se sont développés chez lui le goût de l'indépendance, le besoin du changement, l'attrait de la nouveauté, et si l'on réfléchit surtout combien de gens, par suite de malheurs privés ou de conflits avec des voisins sans conscience, peuvent subir dans la commune qu'ils habitent une existence moralement intolérable?

Ainsi, après avoir sacrifié à la nécessité de la discipline coopérative la liberté d'élire les chefs et à la nécessité d'une bonne entente entre consommateurs et producteurs la liberté syndicale, M. Menger sacrifie la liberté domiciliaire à la nécessité d'assurer le droit de tous à la vie. Les travailleurs garderont-ils au moins la liberté de conscience? Rien n'est plus douteux; car M. Menger, qui repousse l'intolérance brutale et veut que le droit à la religion soit respecté comme « une partie du droit à la vie », écrit pourtant cette phrase peu rassurante pour les croyants : « L'État populaire du travail doit fournir aux communautés religieuses les biens et services nécessaires pour leur culte, mais, en revanche, il a le droit de les organiser et d'exercer sur elles son action. » Si l'État organise selon ses convenances les différentes Églises, n'est-il pas certain qu'il leur imposera souvent une discipline contraire à leurs tendances naturelles et qu'il soulèvera contre lui la conscience de leurs fidèles?

On voit ce que devient le collectivisme interprété par un esprit réaliste, et comme il justifie le reproche que lui font ses adversaires de ne pouvoir s'empêcher d'être un mécanisme de contrainte et d'oppression. « Nous n'admettons plus, s'écriait Proudhon, qu'on nous organise, qu'on nous mécanise. Notre tendance est à la désorganisation, à la défatalisation, si j'ose ainsi dire, partout où nous sentons le poids d'un fatalisme ou d'un machinisme. Telle est l'œuvre, la fonction de la liberté, œuvre décisive, insigne de notre gloire. » C'est ce profond instinct de liberté de l'homme moderne que le collectivisme contredit violemment. Enfermé dans sa commune, sans droit d'émigration, sans droit d'association, sans droit de choisir directement ses chefs de travail, peut-être sans droit de pratiquer à sa guise sa croyance religieuse, s'il en a une, le travailleur de la cité future conçue par M. Menger sera encore plus serf que l'ouvrier contemporain, qui peut passer d'une commune à l'autre, changer de patron, s'associer avec tous les travailleurs de son métier et pratiquer comme il lui plaît le credo qu'il a choisi. Il s'ensuit que, lors même qu'on accorderait au collectivisme les mérites d'ordre économique que ses adversaires lui refusent, son impuissance à garantir les biens les plus précieux de notre civilisation devrait écarter de lui tout homme qui a le sentiment de la valeur éminente et des droits nécessaires de la personnalité humaine.

Nous repoussons donc le collectivisme, au moins tel que le définissent les marxistes, c'est-à-dire comme une solution intégrale et comme une solution révolutionnaire du problème social. Mais s'il ne veut être qu'une solution particlle, et s'il se soumet à la loi que l'évolution impose aux institutions et aux formes sociales qui veulent vivre, nous le jugeons parfaitement acceptable. Toute société a ses propriétés collectives, et une société donnée peut avoir intérêt à en augmenter le nombre; ce qui importe, c'est qu'elle en ait d'autres. Le collectivisme n'est dangereux que s'il est seul, s'il n'existe aucun mode différent d'appropriation qui permette de le limiter, de le surveiller, de le stimuler, de le contredire et de fournir un abri et un moyen d'action aux énergies qu'il froisse ou opprime. Lorsque, dans un ordre donné d'activité économique, une évolution naturelle a concentré la production et constitué un monopole de fait au profit d'un petit nombre d'établissements, il est légitime que l'industrie privée, ne se justifiant plus par la loi de concurrence qui faisait son utilité et sa vraie raison d'être, soit transformée en un service social selon la règle qui autorise l'expropriation pour cause d'intérêt public. S'il est faux, comme M. Bernstein l'a démontré contre Marx, que « la concentration de la production s'effectue partout de nos jours avec une force et une rapidité toujours égales », et que « la concentration des fortunes marche de pair avec la concentration des entreprises industrielles », il reste vrai qu'il y a en tout pays de haute civilisation industrielle quelques entreprises centralisées et dirigées effectivement par un ou plusieurs individus très riches; et l'on ne découvre à priori aucune raison qui empêche que ces industries passent, sous des conditions à définir, des mains de leurs possesseurs actuels dans celles de la nation.

Mais cette socialisation des industries n'est rationnellement applicable qu'à celles qui sont parvenues, en un sens, au terme de leur évolution et que la suppression de la concurrence risque d'immobiliser : toutes les industries naissantes, toutes les entreprises en voie de développement, toutes les activités économiques qui restent soumises aux lois de la lutte et de l'effort doivent retenir leur caractère privé. On peut dire, sans vouloir préciser l'image, que, comme l'organisme individuel admet la coexistence d'habitudes, c'est-à-dire d'activités à peu près fixes qui répondent aux conditions relativement stables de son existence, et d'actes changeants et libres par lesquels le vivant s'adapte aux conditions variables ou se les adapte, de même le corps social comporte, à côté d'un petit nombre de grands services qui ont fini par prendre une forme suffisamment régulière et fixe, une multitude d'industries en devenir que suscite et modifie incessamment le progrès de la science et de la technique. Et comme il serait funeste à un organisme d'imprimer à tous ses actes le caractère de l'habitude, une société se ferait le plus grand mal à elle-même en pliant sous la loi du collectivisme toutes les productions et toutes les manifestations d'énergie dont ses membres sont capables : elle y perdrait la joie de progresser et de vivre et périrait dans l'immobilité et l'ennui.

Il convient donc d'associer le collectivisme et l'individualisme en des proportions variables selon les époques, mais qui doivent, semble-t-il, réserver au second la sphère la plus large. Si le collectivisme est la part de ce qui, dans le corps social, a échappé à la concurrence, de ce qui n'est plus rigoureusement contraint de se perfectionner pour ne pas mourir, de ce qui est acquis, fixé, enregistré, immobile ou peu mobile, l'individualisme représente par essence la part du mouvement, de la recherche, du tâtonnement, du progrès, bref, de la liberté; et la liberté de la production sera éternellement nécessaire dans les deux ordres matériel et spirituel, tantôt comme invention libre d'individus isolés, tantôt comme libre initiative de ces associations particulières que crée lentement l'histoire ou qu'improvise la volonté des hommes.

On ne remarque pas assez que l'individualisme, lorsqu'il s'élargit par la pratique de l'association et se prolonge en un socialisme libéral, peut conduire les hommes par degrés, et plus sûrement que le collectivisme, aux fins essentielles que le collectivisme poursuit. Marx et ses disciples réclament une société nouvelle qui assure aux travailleurs le maximum de sécurité et de dignité; mais déjà les institutions de la société présente permettent aux travailleurs d'élever le niveau de leur vie matérielle et morale. Le suffrage universel, en leur donnant le pouvoir politique, les fait participer dans une large mesure au pouvoir économique, car il ne dépend que d'eux d'élire des représentants qui institueront des lois ou des mesures propres à améliorer leur sort. Si l'insécurité qui pèse sur leur existence leur est intolérable, ils peuvent obliger le Parlement à créer une caisse des retraites ouvrières et une caisse du chômage. S'ils se plaignent de l'instruction insuffisante ou mal entendue qu'ils reçoivent, il leur est aisé d'exiger du législateur qu'il élargisse l'enseignement populaire ou l'adapte mieux à leurs besoins. S'ils souffrent du salariat comme d'une condition humiliante, il leur appartient de lui ôter tout caractère apparent de servitude en généralisant la pratique du contrat collectif du travail. Par des syndicats puissamment organisés ils peuvent surveiller étroitement le capital et, au lieu de subir ses conditions, lui dicter les leurs. Résiste-t-il à des exigences raisonnables ? Ils disposent contre lui d'une arme terrible, la grève, qui bouleverse tous ses plans et souvent le tue ou risque de le tuer.

On ne s'étonne pas que les ouvriers syndiqués expriment parfois avec fierté le sentiment qu'ils ont de leur force : « Nous connaissons, dit un ouvrier du Lancashire, les profits généraux de l'industrie, nous connaissons le prix d'achat du coton, nous savons chaque jour le prix de vente du fil, nous connaissons exactement la marge du profit, nous savons, à un centième de penny près, ce que coûte le magasinage ; le cours des actions est de notoriété publique ; nous savons qu'après avoir touché nos salaires et laissé le reste au patron, il n'a pas de quoi se vanter beaucoup. » Ainsi l'institution syndicale, maniée par des travailleurs intelligents et résolus, est assez puissante pour réduire au minimum les frais de la gérance capitaliste et assurer au travail manuel la récompense à laquelle il a droit. D'autre part, les coopératives de consommation permettent aux travailleurs de se libérer du parasitisme commercial qui grève si lourdement leur budget, de sorte qu'il dépend d'eux à la fois de recevoir, comme travailleurs, un plus haut salaire et de subir de moindres dépenses comme consommateurs.

Mais les ouvriers ont entre les mains un instrument de progrès encore plus puissant. Par des prélèvements opérés sur les bénéfices de leurs coopératives de consommation, ils peuvent constituer les capitaux nécessaires à l'achat d'industries manufacturières et agricoles et se rendre maîtres de presque toute la production d'un pays. Il existe en Angleterre et en Belgique des coopératives florissantes qui possèdent des boulangeries, des meuneries, des fabriques de draps, de chapeaux, de chaussures, etc.; et rien n'empêche qu'elles possèdent des terres pour cultiver le blé, le vin, la viande, tous les objets essentiels de la consommation journalière. MM. Gide et Andler prévoient le jour où les coopératives de consommation, « munies de leurs ateliers de production et affiliées aux syndicats agricoles ou exploitant elles-mêmes leurs domaines d'agriculture coopérative », feront le vide dans les exploitations patronales par les conditions qu'elles accorderont à leurs ouvriers et, se fédérant entre elles, « réaliseront la république sociale par la liberté ».

Cet idéal du socialisme évolutif et libéral offre sans doute de très grandes difficultés pratiques, mais il n'est pas irréalisable et n'exige, après tout, pour se traduire dans les faits, qu'un effort énergique et méthodique poursuivi par quelques générations de travailleurs. De sorte que, muni, politiquement, du droit de suffrage et, économiquement, du droit syndical et du droit coopératif, le peuple ouvrier peut, s'il a du courage et de l'intelligence, faire disparaître les maux dont il souffre, l'anarchie économique et le parasitisme capitaliste, et se donner les biens qu'il désire, la sécurité, le bien-être, la liberté et la dignité. Comme l'avouait, il y a quelques années, un de nos collectivistes français, le progrès social n'est très lent que parce que les travailleurs n'ont pas l'énergie voulue pour tirer le parti possible des merveilleux instruments d'émancipation dont ils disposent : « Le peuple a le droit de se syndiquer ; et il y a à peine un dixième des ouvriers français dans les syndicats. Il peut faire de la coopérative une première et vaste réalisation de son idéal de justice : et il est à peine entré dans le mouvement coopératif. Ce ne sont pas les moyens d'action qui manquent au prolétariat, c'est le prolétariat qui manque aux moyens d'action. »

Ainsi, tenant pour illusoire tout progrès qui n'est pas conquis par les facultés supérieures de l'homme, nous ne pouvons que suivre avec sympathie le mouvement d'extension croissante de la propriété sociale, pourvu que ce développement se fasse par la voie de la liberté et non par celle de l'autorité. Que le socialisme triomphe sous une forme révolutionnaire et fasse violence au cours normal des choses, sa victoire apparente se transformera vite en désastre, non seulement parce qu'il rencontrera la résistance des choses mêmes, mais encore et surtout parce qu'il n'aura pas attendu la formation des habitudes et des sentiments nouveaux et supérieurs dont il aurait besoin pour durer. Au contraire un socialisme très étendu qui résulterait du progrès de l'action syndicale et de l'action coopérative dans la classe ouvrière n'aurait que des conséquences bienfaisantes, parce qu'il se serait graduellement constitué par l'exercice et le développement des aptitudes ou qualités économiques, intellectuelles ou morales nécessaires à sa réussite.

On objecte parfois aux socialistes libéraux qu'il est vain de préférer leur méthode à celle des socialistes révolutionnaires, puisqu'en fin de compte les coopératives, en se multipliant, en se fédérant et en se donnant un appareil régulateur commun, aboutiront à une organisation unitaire du travail, c'est-à-dire à la société collectiviste. Mais, lors même que le résultat dernier serait effectivement identique (et il ne le serait pas, car des organisations économiques autonomes, dont chacune aurait son histoire, feraient respecter leur autonomie et refuseraient à l'Office central du travail plusieurs des pouvoirs qu'il ne manquerait pas de s'attribuer s'il émanait d'un acte révolutionnaire du prolétariat), il y aurait toujours cette différence entre l'ordre collectiviste spontané et l'ordre collectiviste imposé, que le premier s'appuierait et que le second ne s'appuierait pas sur des mœurs générales conformes à ses institutions. Comme une république ne peut donner ses vrais fruits que là où règnent des mœurs républicaines, le respect de la loi et du droit, la haine de l'injustice et de la faveur, la passion de la liberté sous une règle, une cité socialiste diminuerait le bonheur général, au lieu de l'augmenter, si ses membres ne pratiquaient, avec les vertus républicaines, les vertus proprement socialistes, l'esprit de collaboration fraternelle, le dévouement aux grandes fins collectives, la subordination habituelle de l'intérêt propre à l'intérêt corporatif et de l'intérêt corporatif à l'intérêt national.

Dans cet ordre de questions, c'est le progrès moral qui importe le plus. Quelle que doive être la forme de la société à venir, cette société vaudra dans la mesure où vaudront les hommes dont elle se composera. Que, pendant quelques siècles, l'éducation économique et l'éducation scolaire s'orientent dans le même sens et popularisent les vertus républicaines et socialistes dont nous parlions tout à l'heure, et le régime de la propriété collective pourra se généraliser sans dommage pour les hommes, et même à leur plus grand profit, puisque chacun mettra au service de l'intérêt social le même zèle, le même esprit d'initiative, la même vaillance qu'il met aujourd'hui au service de son intérêt propre. Avouons que la propriété individuelle, pour parler le langage de Renouvier, est une institution de l'état de guerre, une sorte de forteresse armée contre la mauvaise volonté possible des autres hommes et, en particulier, des gouvernants. Elle facilite à ceux qui la possèdent la défense de leurs libertés, de leurs croyances, du trésor intérieur de leur âme, et les invite, s'ils ont de la conscience et du cœur, à donner à leurs semblables, aux heures de corruption et de servitude, des exemples de fierté et de courage qui empêchent le monde de ressembler, selon la forte expression d'un écrivain, à « une vague mosaïque de têtes aplaties ». Mais si le progrès n'est pas un vain mot, si l'humanité doit sortir peu à peu de l'état de barbarie où elle est encore presque entièrement plongée, elle pourra renoncer un jour à la propriété individuelle comme à une garantie devenue inutile. L'avenir lointain se passera de ce donjon où se réfugient maintenant, contre les attaques ou les menaces du dehors, les libertés en péril de l'homme économique et de l'homme moral. Quand les bas instincts égoïstes auront perdu une grande partie de leur force et que les joies proprement humaines seront goûtées à leur prix, le socialisme s'universalisera comme l'expression naturelle dans les relations économiques des hommes d'une sociabilité profonde.

Mais, en gardant la notion claire et le vif sentiment de l'idéal lointain, ne perdons pas de vue la réalité actuelle. Ayons l'esprit à la fois très idéaliste et très positif, et rendons-nous compte que, si un positivisme sans idéal est stérile et laid, un idéalisme que le bon sens ne modère pas est chimérique et malfaisant. Sachons voir l'homme d'aujourd'hui tel qu'il est et, sans le mépriser, sans méconnaître ses efforts vers la vérité et la justice, sans oublier surtout de quel passé effroyable il porte le poids, comprenons qu'avec sa nature actuelle, avec son égoïsme, sa paresse, sa vanité, ses passions étroites et mesquines, il ne peut entrer dans la cité de l'avenir. S'il est vrai que l'individu doit conquérir le bonheur, cela est vrai aussi de la société : il y a des bonheurs qui ne sont pas faits pour une société qui reste encore moralement trop basse. Qu'un homme de notre temps, animé d'un ardent désir de progrès démocratique et humain, veuille mesurer les ressources que la société d'aujourd'hui porte en elle, qu'il fasse partie d'un cercle d'études sociales, qu'il s'associe à l'effort d'une Université populaire, qu'il observe à l'œuvre des coopératives et des syndicats ouvriers, qu'il examine de près l'administration de quelque municipalité socialiste, et il saura de quoi est capable, au moment où nous sommes, cette masse ouvrière qui tend avec ardeur vers une condition plus haute. Il saura qu'elle peut plus qu'elle ne fait, mais que ce peu est très limité, à coup sûr très inférieur aux exigences d'un idéal collectiviste, et il conclura, comme nous, que si, maîtresse du pouvoir, elle abolissait demain la propriété individuelle, il y aurait moins de bonheur et de liberté dans le monde, même pour elle.

www.ingramcontent.com/pod-product-compliance
Lightning Source LLC
Chambersburg PA
CBHW071138160426
43196CB00011B/1930